世界第一
企业书系

世界第一
马化腾和腾讯帝国

彭征 著

南方出版社

图书在版编目（CIP）数据

世界第一 ：马化腾和腾讯帝国 / 彭征 著. — 海口 ：南方出版社，2018.4

（世界第一企业系列）

ISBN 978-7-5501-4297-8

Ⅰ. ①世… Ⅱ. ①彭… Ⅲ. ①马化腾－生平事迹②网络公司－企业管理－经验－中国 Ⅳ. ①K825.38 ②F279.244.4

中国版本图书馆CIP数据核字(2018)第020848号

世界第一：马化腾和腾讯帝国

彭征 著

责任编辑： 王田芳　高会力

出版发行： 南方出版社

地　　址： 海南省海口市和平大道70号

电　　话： （0898）66160822

传　　真： （0898）66160830

经　　销： 全国新华书店

印　　刷： 北京毕氏风范印刷技术有限公司

开　　本： 710mm×1000mm　1/16

字　　数： 250千字

印　　张： 14

版　　次： 2018年4月第1版　2018年4月第1次印刷

印　　数： 1—4000册

书　　号： ISBN 978-7-5501-4297-8

定　　价： 39.80元

新浪官方微博：http://weibo.com/digitaltimes

目录

序言　创富时代

第一部分　腾讯，网络时代的传奇

第一章　腾讯帝国：人类已经无法阻止“企鹅”了

第一节　QQ：即时通信霸主　/ 4

1. 创造价值：腾讯印钞机　/ 4

2. 后起之秀：世界第一的聊天工具　/ 7

第二节　在线游戏：要做就做世界第一　/ 9

1. 眼光独到：小游戏大市场　/ 9

2. 高瞻远瞩：新兴手游市场　/ 11

3. 开花结果：游戏收入跃居世界第一　/ 13

第三节　微信：接力 QQ，即时通信国内第一运营商　/ 14

1. 创新：微信横空出世　/ 14

2. 勇气：国际市场，微信试水　/ 15

第四节　移动互联网：腾讯再次独占鳌头　/ 17

第二章　马化腾其人其事

第一节　IT 界的“团中央书记”　/ 19
1. 低调与沉稳　/ 20
2. 专注于做事　/ 22
3. 后发制人的艺术　/ 22
4. 团队意识　/ 23
5. 战略眼光　/ 24
6. “三问”哲学　/ 26

第二节　“神秘主义”背后，生活中的马化腾　/ 27

第二部分　运筹帷幄：马化腾的 5 步棋

第三章　小马出山：自古英雄出少年

第一节　润迅时期青年员工，了不起的小马　/ 32
1. 青年小马　/ 32
2. 软件工程师的“股霸卡”　/ 34
3. 离开润迅，小马出山　/ 35

第二节　企鹅诞生，即时通信霸主的艰难起步　/ 38
1. 腾讯：一次全新的尝试　/ 38
2. 即时通信的兴起　/ 39
3. OICQ：打开成功的大门　/ 41
4. 企鹅的由来　/ 43

第三节　措手不及，国际规则的学习者　/ 44
1. 模仿与创新之谜　/ 44
2. 免费宣传，效果比砸巨资的效果还好　/ 46
3. 版权争议：国际规则的学习者　/ 48
4. 知识产权：既是防御也是武器　/ 51

第四节　“中国合伙人”企鹅版　/ 53
1. 合理分配，各得其所　/ 53
2. 知人善用，各展所长　/ 57

第四章　开仓抢钱：香江上市成新贵

第一节　潜龙勿用：创业之初的艰辛　/ 60
1. 创业辛酸，穷到极处险些贱卖 OICQ　/ 60
2. 险中得救：二次融资的曲折历程　/ 63
3. 香江上市成新贵　/ 67

第二节　资本暗战：强者如林，鹿死谁手？　/ 71
1. 盛大吞并新浪　/ 71
2. 腾讯被收购危机：股价疯涨　/ 73
3. 腾讯市值 = 新浪 + 搜狐 + 盛大 +TOM　/ 75

第三节　企鹅背后的“伯乐”：MIH　/ 76

第五章　江湖恩怨：竞争与合作

第一节　MSN 之殇：“恐龙”被“企鹅”谋杀　/ 81
1. 微软帝国的奇袭：MSN 落地中国　/ 81
2. 久经沙场：MSN 拉起联盟　/ 83
3. 接受挑战：腾讯推 TM，收购 Foxmail　/ 84
4. 互通互联：攻守之间　/ 86

第二节　3Q 大战：一场没有赢家的战争　/ 89
1. 针锋相对：互不妥协　/ 89
2. 大战爆发：数亿网民围观　/ 91

第三节　腾讯与奇瑞：QQ 商标的跨界之争　/ 96
1. 各执一词：商标争夺战由来已久　/ 96
2. 蹊跷的 QQ 汽车商标注册　/ 98

第四节　腾讯与千橡的那些事儿　/ 100
1. 不期而遇的对手　/ 100
2. 无限搁置的官司　/ 101
第五节　马云：杀到企鹅家去，该砸的就砸　/ 103
1. C2C 的新人：稳健备战　/ 103
2. 惹怒马云：拍拍网抢占市场　/ 106
第六节　搜索暗战，你方唱罢我登场　/ 108
1. 搜索时代：兵家必争之地　/ 108
2. 腾讯搜搜：大门户的必然之路　/ 110
第七节　“滴滴打车”：O2O 抢滩大战　/ 113
1. 联手巨头，抢占 O2O 市场　/ 113
2. “滴滴”大战“快的”　/ 116

第六章　全民公敌还是行业领袖？

第一节　原罪：甩不掉的山寨阴影　/ 121
第二节　唯利是图的 QQ？　/ 123
第三节　IM 垄断者受到的威胁　/ 130
第四节　得失之间，会犯错，也会收复失地　/ 132
1. 恢复免费注册：赢利有新招　/ 132
2. 垄断争议：中国即时通信第一案　/ 135
3. 虚拟货币争议：腾讯涉赌　/ 136

第七章　风云四起：多领域开拓疆土

第一节　全能门户，赢家通吃　/ 140
1. 虎口夺食：三足鼎立格局早已形成　/ 140
2. 全面出击：多元化生活平台　/ 142

第二节　开放平台，让天下没有埋没的才能　/ 145

1. 国内最大的开放平台　/ 145

2. 移动时代：开放平台的新方向　/ 147

第三节　泛娱梦：成为中国迪士尼　/ 148

第四节　入股京东电商再起波澜　/ 150

第三部分　“世界第一”背后的腾讯思维

第八章　马化腾凭什么：腾讯成长基因

第一节　马化腾的危机意识　/ 155

第二节　马氏思维：“马十条”　/ 157

第三节　微创新的“核威力”　/ 159

1. 何时摘掉“山寨”的帽子？　/ 159

2. 微创新：模仿是最稳妥的创新　/ 160

3. 用户体验为王　/ 162

第四节　企鹅生存逻辑，“做互联网上的水和电”　/ 163

1. 拍拍网上线，网购市场分一杯羹　/ 163

2. 腾讯帝国的虚拟货币——Q 币　/ 164

第九章　小企鹅改变大世界

第一节　谁把中国带入新社交时代　/ 167

1. SNS: 社交网站革命　/ 167

2. 微社交：移动社交时代　/ 169

第二节　让马云都害怕　/ 171

1. 势如水火的“二马”　/ 171

2. “二马”的焦虑　/ 173

3. 移动支付领域的大战　/ 175

4. “三马”共筑互联网金融　/ 177

第三节　迟来的“敌人”：谁抢了通信巨头的饭碗　/ 178

1. 虎口夺食：微信收费风波　/ 178

2. 联通服软：放低姿态与微信合作　/ 180

3. 微信电话本：免费电话时代　/ 182

第十章　大腾讯，下一站

第一节　拥抱变革，腾讯云　/ 186

1. 腾讯云：开放平台升级　/ 186

2. 腾讯云助力创业者　/ 189

第二节　再造钱渠：布局互联网金融　/ 191

1. 理财通：抢滩互联网金融　/ 191

2. 佣金宝：挑战证券行业　/ 193

3. 从线上到线下：首批民营银行牌照　/ 196

第三节　小企鹅大野心：收购狂潮　/ 200

1. 战略布局：多领域投资　/ 200

2. 海外投资：17亿收购《英雄联盟》 / 203

3. 并购大战：BAT版“三国杀”　/ 205

4. 团购网站，各找各妈　/ 209

第四节　弄潮“互联网+”时代　/ 210

1. “互联网+”：互联网的新方向　/ 211

2. 向“互联网+智慧城市”挺进　/ 212

序言　创富时代

迈入21世纪后，互联网深刻地影响着人类生活的方方面面。马化腾、马云、李彦宏所创立的互联网帝国，在潜移默化中改变了我们的生活和思维方式。

中国互联网在近20年的时间里成长为全球第一大网，网民人数最多，联网区域最广，是全球最具成长性的信息消费市场。互联网经济无论是在规模上还是在增速上，都已经成为中国GDP的重要驱动力。互联网不仅改变了中国商业的面貌，更对整个社会文化进行了改造。

马化腾的腾讯帝国成立于1998年11月，短短十几年时间，成了中国最大的互联网综合服务提供商和中国服务用户最多的互联网企业之一。

沉静、低调、稳重的马化腾，有着能吃千般苦、百折亦不挠的品格，在艰辛的创业路上，一直做着具有前瞻性和创造性的工作。外界看到的也许是一个不善言辞、不热衷于当人生导师的马化腾，但他的谨言、低调，是每个有志于创业的人都需要拥有的重要品格。鲜少高调发言的他，近年来关于互联网的公开演讲表明他对互联网的思考很有深度。

“非常谦虚，很懂自己的产品，也很理解客户的需要”的马化腾，做事往往从细节着手，鲜少放出豪言壮语。就是这样低调的马化腾却默默地把腾讯做成了名副其实的“世界第一”。今天的腾讯帝国正在成为史无前例的超级大公司，并从网上帝国向金融帝国转变，通过重构其生态系统，正在越来越广泛且深入地改变着人们的生活方式。其生态系统涉及电子商务、物流、金融、制造业、地图、旅游及文化娱乐行业，等等。

截止到2014年12月31日，腾讯QQ和微信的月活跃用户分别超过5亿和4亿——可谓“世界第三大人口国”，这也标志着腾讯统治了中国即时通信市场十几年。腾讯市值超过1500多亿港币——股价比刚上市时上涨超过百倍，成为中国市值第二的互联网公司。腾讯在诸多领域的拓展，成功构建了一个庞大的商业帝国。

以马化腾为代表的互联网的领军人物，在时代的洪流中搏击，以艰苦奋斗的精神和卓越的商业才华，打出了一片属于自己的天下，也推动了整个中国互联网业乃至中国新经济的发展。

海阔凭鱼跃，天高任鸟飞。马化腾这样的创业经历看起来如同神话，实则并不神秘，关键在于他抓住了时代契机，付出了个人努力。本书正是要带你走到马化腾所创立的“神话”的背后，看腾讯帝国的成长史，读马化腾的心路历程，欣赏这个美妙的创富时代。在这个万众创新、全民创业的创富时代，谁都有可能成为下一个“马化腾”，包括你在内。

由于时间仓促，书中仍存有很多不足之处，期待各位读者提出宝贵意见，在再版时定改正之。

是为序。

作者

2015年8月28日

第一部分

腾讯，网络时代的传奇

在中国乃至全球互联网发展史上，腾讯集团和马化腾都是不可忽略且必须浓墨重彩的大篇章。

一只戴着围巾的小企鹅统治了中国的即时通信市场十几年，中国所有上网的人都在某一时刻在自己的电脑右下角藏过这样一只小企鹅。它改变了许多中国人，尤其是年青一代的沟通方式甚至是思维方式。除了最初的即时通信市场，它也在或高调、或低调地将触角伸向了其他很多领域，比如游戏、电商等，慢慢地建立起了一个庞大的商业王国——腾讯帝国。马化腾成功地抓住了中国互联网的黄金10年，在刀光剑影的网络世界里书写了一个财富神话。2004年腾讯上市，33岁的马化腾从一介布衣一跃成为身价近10亿美元的富豪；10年后的马化腾更是凭借数百亿美元的财富在大中华区富豪榜名列前茅。

第一章　腾讯帝国：人类已经无法阻止“企鹅”了

腾讯在马化腾的带领下创造了一个又一个奇迹。在它成立之初，谁也不会想到它会成为国内市值最高的互联网企业，QQ 会成为全世界用户第一的聊天软件，QQ 游戏会成为最赚钱的在线游戏。似乎只有别人想不到的，没有腾讯做不到的。在腾讯帝国雄霸天下的时候，外人看到的是腾讯最光鲜的一面，但是一路走来，它的每一步都走得不容易，甚至面临过生死存亡的时刻。

过去的10年是中国互联网的黄金10年，QQ 无疑是这次浪潮中最令人瞩目的弄潮儿之一。它曾经面临过数次资金链断裂，眼看就要倒闭，但是又在众人的惊讶声中重新站起，融资成功，可谓“置之死地而后生”。围绕它的骂声也从未停止，色情、赌博、抄袭、公敌等，但是腾讯依然屹立不倒，而且不断发展壮大。今天的 QQ 已经从一个单纯的即时通信软件转变成一个大型的娱乐平台，有着数亿用户的腾讯也成了中国最大的娱乐品牌。

第一节　QQ：即时通信霸主

1. 创造价值：腾讯印钞机

腾讯，这个将一只憨态可掬的企鹅作为自己的吉祥物的企业，于2007年跻身全球知名财经杂志——美国《商业周刊》首次评选出的中国10大重要企业之列，与它一同入围的还有中兴、中国移动、中国石油、中国工商银行、联想、国美、百度、盛大和分众传媒等。有意思的是，该杂志分别对入选的10大重要企业做了生动点评，其中腾讯公司的发展历程以其深入人心的企鹅logo被冠以“帝企鹅日记”的标题，而《帝企鹅日记》这部电影正好讲述了在南极极端恶劣的气候条件下帝企鹅的生存与成长。回顾腾讯公司的发展历程，二者确实是有异曲同工之妙。

2007年腾讯在中国所有的上市公司中，市值超过在美国上市的搜狐、新浪、盛大和TOM公司的总和。马化腾曾经开价100万元人民币想把QQ卖给别人，但是没人要，现在腾讯已成为市值最高的互联网公司之一，腾讯赚钱的速度着实令人惊奇。

腾讯近几年营业收入、净利润增长势头十分迅猛，特别是随着微信业务的推出和发展，腾讯股价的市值节节攀升。2004年6月正式在香港挂牌上市的时候，腾讯发行价仅3.70港元，10年过去后，其股价已经是原来的100多倍。尤其是2013年以来，腾讯股价连续刷新历史纪录，它的这种涨幅连苹果公司也望尘莫及，苹果的股价比10年前也只涨了约28倍。

2014年8月13日腾讯控股公布的第二季度综合业绩报告显示，2014年前两季度腾讯的总收入为381.46亿元，同比增长了37%；净利润110.68亿元，同比增长了36%。第二季度营业收入197.46亿元，同比增长37%；净利润58.74亿元，同比增长42%。腾讯的总市值超过1500亿美元。这样一个天文数字背后是腾讯在社交网络、游戏以及网络广告等各个不同领域的不断发展和进一步扩大。

仅仅是在2014年第二季度，腾讯的增值服务业务收入就达到157.13亿元人民币；社交网络收入增长至46.32亿元人民币；网络游戏收入增长至110.81亿元人民币，该项增长主要受QQ手机版与微信上的智能手机游戏收入增长所推动；网络广告收入受有利的季节性因素、世界杯以及腾讯与京东的战略合作等所带来的正面影响，增至20.64亿元人民币；电子商务交易业务收入达到13.24亿元人民币。

腾讯的游戏长久以来都是其业务的一个十分重要的方面。在智能手机大量普及的今天，腾讯自然不会放过手机游戏这个庞大的市场。而近几年腾讯的手机游戏也已经达到一定规模，甚至在发行领域已经处于行业领先地位。App Annie所公布的报告显示，截至2014年7月，腾讯每个月都是中国iOS App Store下载次数和收入最高的发行商。QQ手机版和微信这两个渠道上智能手机游戏的总收入达到30亿元人民币。腾讯计划继续将工作重点放在刺激用户的活跃度和扩大游戏组合上。

在平台方面，腾讯的平台主要包括QQ、微信以及媒体平台。QQ和QQ空间的用户群非常庞大，而且一直保持增长态势，用户的参与度也非常高。仅就QQ空间而言，智能终端月活跃账户已达到4.97亿。2014年腾讯通过与京东及点评等战略伙伴的合作，有效完善了QQ手机版的生态系统，并且推出手机QQ钱包，QQ用户可以非常方便地通过银行卡购买虚拟货品并结算O2O交易。在提升用户活跃度方面，腾讯通过QQ手机版兴趣部落等新功能有效刺激了用户的活跃度，并且以优化用户图片分享体验等方式吸引了用户的眼球。

相比较元老QQ，微信虽然是后起之秀，但是也毫不示弱，它及WeChat的合并月活跃账户增长至4.38亿，可谓不负众望。腾讯一直在竭尽全力扩大微信服务范围的广度及深度，比如完善微信的群功能及支付功能。与此同时，它将公司内部实力与战略伙伴的核心能力相结合，在增强微信服务功能方面也初见成效，现在用户可使用微信的入口登录京东购买产品，通过微信支付进行结算，并可通过搜狗搜索微信公众账号的内容。而对于主攻国际市场的 WeChat，腾讯依然是将主要精力放在提升特定国际市场的用户参与度上。

在媒体平台方面，腾讯一直处于行业领先地位。而其巨大的社交网络带来了其他竞争者难以媲美的优势，那就是最新资讯的即时推送，这大大巩固了其媒体平台的领先地位。例如，在世界杯期间，腾讯整合了电脑、移动终端上的领先媒体平台的内容优势（包括腾讯新闻及腾讯视频）以及其他高度活跃的社交平台，不仅产生了庞大的流量及用户互动，更带来了稳定的收入，做出了赢利贡献。

或许在别人眼中腾讯的成功是一个奇迹，但是马化腾自己清楚在奇迹的背后是艰苦的创业历程，是许多不眠不休的辛勤工作。成立之初，腾讯面临的是如何生存下来的难题。马化腾带着自己的团队做设计、做网页、做系统，几乎什么活都接，完全没有挑剔的资格。但是由于没有市场经验，腾讯的产品一开始并没有受到运营商的青睐，常常吃闭门羹。虽然开端不顺利，但是马化腾并没有气馁，他不断鼓励自己："经过很多次的不断尝试后，总会有用户接受我们。"无奈之下，腾讯最后抱着姑且一试的心态将 QQ 放到互联网上供用户免费试用，没想到反响非常好，QQ 居然在不到 1 年时间里拥有了 500 万用户。

从这时候开始，马化腾感觉到了成功的喜悦。事实证明，QQ 这种即时通信工具在互联网上是有极其广大的发展前景的，每天都有几十万人在注册登录 QQ。现在回想起来，马化腾说是由于当年专注、坚持，得以取得第一笔风投资金，才保住了 QQ 的生存命脉，才为之后的腾飞打下了基础。

在他看来，腾讯的发展一直都是围绕着用户的需求，为了满足用户的需求而不断提高、不断创新的。脱离了用户价值，腾讯的一切都将不复存在。只有忠于用户，增加用户社区价值，腾讯才能不断发展。

腾讯被称为“企鹅印钞机”，得益于它从未停止过对于新领域的尝试和开发。虽然它是以即时通信起家的，但是经过近十年的打拼，它已经将疆土扩展到了游戏、社交、支付等领域。这样一个庞大的腾讯帝国其实绝不是一个“企鹅印钞机”的名号所能概括的。

2. 后起之秀：世界第一的聊天工具

《商业周刊》中的一篇文章将腾讯称为“中国即时通信领域中的领导者”。腾讯的吉祥物是一只戴着围巾的小企鹅。短短几年间，这只小企鹅以最快的速度在中国网民中得到普及和认可。如今在中国，QQ 的用户要远远多于微软的 MSN。毫无疑问，腾讯是中国即时通信服务市场上的统治者。

这个领域里，腾讯在国内基本上就是傲视群雄，没有对手可以与之匹敌。QQ 占据了国内绝大部分的市场份额。网易推出过网易泡泡，新浪推出过新浪 UC，但都没有激起太大水花，没有给腾讯造成威胁。而腾讯面临的真正考验来自 MSN 进军中国。MSN 是微软推出的即时通信软件，有微软这个强有力的靠山，MSN 的产品和营销都是世界一流水准。

到2002年9月为止，MSN 在全世界拥有7500万注册用户，全世界单独用户访问 MSN 达到3亿人次。至2003年5月，MSN 在全世界用户达到1亿人，创下行业内纪录。在全世界11个国家中 MSN 都是即时通信软件的龙头。

据调查，2005年即时通信办公室用户有2000多万人，腾讯即时通信占有率为47%，MSN 的占有率为53%，其中腾讯流失的用户95%都投入了 MSN 的怀抱。MSN 一开始就精确地找到了自身的优势以及腾讯的薄弱环节，对腾讯可谓一击即中。

面对MSN的步步紧逼，马化腾毫不示弱，一方面针对MSN的Hotmail做出积极部署，另一方面找出MSN的薄弱环节进行反击。

在QQ的所有业务中，邮箱业务是其较为薄弱的环节，同MSN的Hotmail相比，QQ还存在很大的差距。为了弥补这一差距，马化腾收购了博大公司。Foxmail拥有500万用户，其中绝大多数都是商务用户，这次的收购大大加强了腾讯的整体实力，使QQ的用户群更加全面丰富，不仅有年轻的学生群体，也包括了成熟的商务用户。

马化腾在被采访时曾说："我们可以很快，比如星期六看到的反馈，下星期一就改好了，就可以推出去了，小步快跑地快速滚动是很重要的。我们不断在团队内灌输这样的观念，一定要小步快跑，一定要用快速运营的方式去做产品。做互联网服务本身就有部分传统软件的性质，有大版本的不断更新，有主力部队，一旦用户反映不好就要不断改进，看到有什么好的创意可以借鉴的，要赶紧去试。"

就这样，腾讯一步一步不断改进，积极回应用户的反馈，比如让用户按需安装插件，一些不适合办公的软件就可以选择不安装。腾讯就这样靠着人性化的服务，慢慢赢回了用户的心。

2010年3月5日19点52分58秒，QQ同时在线用户数首次突破1亿人大关。

QQ跨入亿时代了。这是人类进入互联网时代以来，全球首次实现互联网单一应用同时在线人数突破1亿。4年后的2014年4月11日晚间，腾讯QQ同时在线用户数突破2亿。腾讯已经成为当之无愧的世界第一聊天工具。

第二节　在线游戏：要做就做世界第一

1. 眼光独到：小游戏大市场

马化腾对于中国的网络游戏发展历程有自己的一套独到见解，他认为，中国网络游戏经历了4个主要阶段。第一阶段是1997—1999年，网络游戏开始萌芽，游戏公司如雨后春笋般涌现，但是仍然无法和国外网络游戏相提并论。第二阶段是2000—2001年，网络游戏公司大多为代理国外游戏，并且开始赢利。第三阶段是2002—2004年，自主研发网络游戏成为趋势，品牌竞争力成为重点。第四阶段则是从2005年起，开始探索新的经营模式和赢利模式，中国网络游戏市场将呈现多元化、自主研发和绿色健康三大趋势。

他指出，经过几年的发展和良性竞争，中国网络游戏市场已经渐渐成熟。国内的厂商越来越多地将重点放在自主研发上，自主研发的游戏已经占据了大半市场份额，在线用户的总量也占据了绝对优势。

腾讯在网络游戏方面起步不算早，远远不及在即时通信方面发展得成熟。对此，马化腾也坦言腾讯在2003年年初才对网游市场产生兴趣，并决定进军这个市场。刚开始时，腾讯并未规划好到底如何发挥自身的优势，因此碰了一些壁，当时面临的抉择是，到底是做大型网游还是做系统网游。

最终在不断调研市场、总结经验之后，腾讯决定先从棋牌类小游戏入手，建立起QQ游戏门户网站。之后的市场反馈证明，腾讯当时的决定是很明智的，棋牌类游戏运行成本较低，而且易于上手，受众面广，很快就得到了玩家的青睐。到了2004年8月，QQ游戏便跃居国内第一大休闲游戏门户。

马化腾提出了“金字塔”的概念：“在金字塔的底端，是我们用两年时间建立起来的QQ游戏门户网站，这是网络游戏的基础；在这基础之上，是我们的中型网游，也就是2004年12月发布的中型休闲网络游戏《QQ堂》；而在金字塔的顶端，则是包括本次推出的《QQ幻想》在内的大型网络游戏。”

2007年，腾讯已经在QQ和棋牌类休闲游戏中积累了一定的资本和经验，但是在自身的开发能力还不足的情况下，它决定先从韩国引进一批网游产品，然后依照这些买来的产品重新研发，将它们回炉重造。通过再一次的细致打磨，这些产品不仅更加优质，也更符合国内用户的喜好。

到2012年，腾讯、网易、盛大的市场份额占有率分别是40%、17%和9%。端游（即客户端游戏）市场这一寡头格局一直延续至今。2013年，腾讯端游的市场份额比重更是增长到50%以上。最终，腾讯走出代理网游不景气的怪圈，并通过这种研发微创新的模式，大大提高了自主开发及代理网游的成功率，最终打败盛大，登上网游市场第一的宝座。

马化腾在QQ游戏的发展设计上可谓是步步为营、环环相扣，并没有想一口吃成胖子。一开始，腾讯依靠强大的QQ用户量的支持，推广了易于操作、易于上手的休闲游戏。在这个过程中，腾讯既积累了经验，又培养了队伍，而且还开发了游戏平台，之后大型游戏的推广也就是水到渠成的事了。这样一步一步走来，腾讯既没有仓促推出大型网游，也没有拘泥于休闲游戏，而是多元化发展。

当一个企业想拓展新的领域、发展新的业务时，认准时机及时出手固然重要，但是也切不能过于冒失。循序渐进，从简单做起，往往才能打好基础，建立好队伍。因为毕竟是新的领域，需要整个团队花时间去适应、摸索。马化腾的这种做法无疑是很明智的。

从QQ游戏的试运营到游戏玩家人数以每年80%的速度上涨，事实证明，QQ游戏已经成为行业的霸主，已经成为国内乃至世界最大的休闲游戏平台。

2. 高瞻远瞩：新兴手游市场

手游市场早期仅有几个手游公司，近几年却热闹非凡，各大巨头一哄而上，纷纷想要在这个新兴的市场占据一席之地，因此手游发展越来越迅猛。虽然人人都知道手游市场是极具“钱”途的，但是真的想要在这个市场中分一杯羹并不容易。

手游时代，平台、研发、发行和代理的产业链越发明晰，其中各个环节也都涌出一批黑马，并有巨头分占各大山头。然而，兼顾平台、研发、发行和代理业务，且均处于产业龙头地位的，只有腾讯。

2014年第一季度，腾讯网络游戏总收入为103.87亿元，比上一季度的84.75亿元增长了19.12亿元。这其中，手游收入超过18亿元，比上一季度大增12亿元，增幅达66.7%。也就是说，当季腾讯游戏收入增幅中，有六成来自手游，端游仅占四成。其手游收入的增长主要得益于社交网络（即手机QQ和微信手游平台）收入的增加。腾讯社交网络收入比上一季度增长16%，增至40.26亿元。这是微信自2013年8月推出游戏平台，进行商业化运作后，腾讯手游连续迎来的第三个爆发增长期。

游戏工委发布的数据显示，2014年第一季度，中国移动游戏市场实际销售收入约44.1亿元，环比增长39.9%。由此可见，当季中国手游增长份额大部分贡献来自腾讯。目前，腾讯手游占据中国手游市场六成以上的份额。

外界一直有一种声音，腾讯手游主要是靠无可比拟的平台，取得成功也无可厚非。对于这种声音，腾讯游戏副总裁吕鹏在接受采访时表示，“从整个行业的发展角度来看，任何一个产业，包括游戏、电影、娱乐等，渠道在产业初期有更大的发言权和影响力。随着这个产业慢慢成熟，优质内容的地位会越来越高，这是一个必然的趋势”。他表示，“我不认为腾讯游戏产品的品质不好，或者是外面产品品质会更好，无论是我们自研的天天酷跑、天天爱消除等，还是代理的雷霆战机、天天富翁等，都被证明是市场上顶尖的产品。另外，站在发行的角度，我们在挑选产品的时候，唯一的标准就是品质。微信和手机QQ两大平台是腾讯移动游戏成功的重要因素，但肯定不是全部。互娱在游戏领域耕耘10多年，在研发和运营上积累的经验和know-how是主要的原因”。

实际上不可忽视的是，腾讯自主研发的产品不仅仅是在自己的平台上表现优异，在App Store（中国版）上也相当突出。首款上线的天天爱消除发布5小时即登上App Store中国区免费榜榜首，随后发布的天天连萌、节奏大师、欢乐斗地主、欢乐麻将4款产品也在发布首日登上App Store中国区免费榜首位。天天酷跑、全民英雄、天天飞车、全民飞机大战4款产品发布首日则斩获了App Store中国区免费榜和畅销榜双榜第一。目前App Store中国区畅销榜手游Top10之中，腾讯占了六七款，并垄断了Top3。

这一系列令人惊叹的辉煌成绩背后，是腾讯在产品研发和维护方面投入的大量财力和人力，这种投入也得到了丰厚的回报，是其他竞争对手难以企及的。腾讯拥有十分强大的用户数据网络，可以及时得到用户的反馈，其研发队伍也会迅速针对用户反馈对产品进行维护和升级。这就是腾讯吸引用户、留住用户的最大法宝。

从腾讯手游的发展策略不难看出，手游与过去端游、页游时代一脉相承。首先是利用社交平台的巨大用户优势，顺利进行推广，提升知名度；然后通过代理和自主研发双管齐下的方式不断推出新产品，保持用户的新鲜度；接着依靠强大的改造能力，基于用户的反馈和意见不断对产品进行修改和创新，最终留住用户。

在网络游戏平台上，腾讯将继续自主研发，计划每月至少推出1款小型在线游戏；每3个月推出1款中型规模游戏；每9个月推出1款全方位的多角色游戏。

有人质疑，说腾讯现在已经不具备当初在即时通信方面的优势，虽然即时通信为腾讯积累了大量的潜在游戏用户，但是现在的网络游戏市场和即时通信市场完全不能相提并论。在马化腾看来，经过长时间的发展和对市场脉络的把握，腾讯的网络游戏会发展得越来越好，公司也会得到更多的回报。

3. 开花结果：游戏收入跃居世界第一

2014年，市场研究公司Newzoo统计本年第一季度全球游戏公司收入排行榜时，腾讯游戏以17.14亿美元跃居全球榜首。这意味着什么？这意味着腾讯游戏作为后起之秀，已经超过微软、索尼、任天堂、苹果这些在游戏领域扎根多年的大牌以及EA、动视暴雪等第三方大厂。不仅如此，2016年，腾讯的游戏收入占到全球游戏市场收入的10%。这一数据不仅展现了腾讯游戏在短期内的称霸趋向，而且展现了其发展优势是具有可持续性的。

抛开全球领先位置不谈，至少在中国市场内部，腾讯已经能做到端游、页游、手游通吃，拥有超过50%的市场份额，在研发和运营实力上都让同行望其项背。

在以后的几年里，中国游戏市场成长速度也将超过美国和西欧。就拿2014年来说，全球游戏市场产值增长60亿美元，其中82%都来自亚太地区。这一切都意味着，腾讯有望成为全球最强的游戏企业。

美国市场数据调研机构SuperData的报告显示，2013年在全球盈利最高的10大免费游戏中，腾讯公司的《穿越火线》《英雄联盟》《地下城与勇士》包揽前三甲，这3款游戏年收入加起来超过20亿美元。而在市场增速更快的手游方面，腾讯依托着得天独厚的微信平台，让其“天天”系列的手机游戏几乎包揽了中国手游收入榜的前10位。

腾讯财务报表显示，2014年腾讯总收入为789.32亿元，同比增长31%，净利润为238.1亿元，同比增长54%。网络游戏依然是腾讯最赚钱的业务，该板块收入在2014年增长了40%，达到447.56亿元，使腾讯成为全球收入最高的上市游戏公司，索尼、微软、EA和动视暴雪的收入分别排在第2~5名。腾讯的游戏收入显然成为近几年腾讯收入中的新增长点，甚至是重要支柱。

第三节　微信：接力QQ，即时通信国内第一运营商

1. 创新：微信横空出世

在游戏市场如鱼得水，赚得盆满钵满的同时，马化腾也没有忘记自己最早靠其起家的即时通信市场，除了QQ之外他又推出了新兴的即时通信软件，并且该软件很快成为腾讯的拳头产品。或许你已经注意到，在餐厅里，在公交上，很多人都拿着手机不停地摇，他们在干吗呢？原来他们是在运用一款软件的“摇一摇”功能，跟陌生人打招呼，认识新朋友。

是什么软件如此神奇，让人们都愿意拿起手机“摇一摇”？它就是腾讯公司推出的最新社交软件——微信。

腾讯的移动QQ早前已经在移动互联网上取得了巨大的成功。大家都在大举进军移动互联网的时候腾讯已经先人一步，想得更远，并没有因为移动QQ的成功而故步自封。2011年1月，腾讯推出一款专门为智能手机提供免费即时通信服务的软件——微信。用户只需要按下屏幕上的按钮对着手机讲话，松开按钮，软件便会把话录下来，以数据包的形式发送给对方，以此，双方好友便可以你来我往地进行语音聊天了。这种方式看似和手机直接语音通话差不多，但是由于近几年无线网络的普及和网速的提高，微信用户之间的交流更迅速便捷，而且更重要的是这是免费的。

微信带给用户全新的体验，这是对即时通信的一次革命性变革。更快速，更便捷，更省钱，摇一摇手机就能和附近的陌生人聊天交友，这实在是非常具有突破性的社交新方式。而且微信具有极强的兼容性，支持智能手机中的iOS、Android、WindowsPhone、blackberry和塞班平台。凭借着智能手机的迅速普及，微信的前景一片大好。

据英国《金融时报》2015年3月19日的报道，2014年年底，微信用户数量同比增长41%，达到5亿人，这表明推出这款中国社交媒体智能手机应用软件的腾讯在移动互联网领域扩大了地盘。腾讯是在18日发布财务报表时宣布上述消息的，财报中的业绩低于分析师此前的预期。2014年第四季度腾讯净利润同比增长51%，达到59.5亿元人民币。

微信是现如今国内用户数量排名第二的应用，仅次于QQ，后者据称在2014年年底已有8.15亿月活跃账户，这个数字比中国网民总数还要多。而微信的官方数据是6.49亿人。腾讯迄今不愿在微信上大量投放广告赚钱，以免损害其扩大用户数量的努力。

根据相关数据，微信的总用户数量在2015年突破了10亿，这个数据使微信在沟通上成为国内第一大运营商。

2. 勇气：国际市场，微信试水

在微信称霸国内市场的同时，腾讯也在积极策划让微信走向国际市场。

2013年2月底，腾讯企业发展事业群广州研发线下成立微信美国办公室，专门负责微信在美国的业务，发展研究美国的微信用户，建立和拓展公司的客户关系。这被视为腾讯国际化战略的排头兵。

在2013年“两会”上，作为全国人大代表的马化腾提出的议案之一是《关于将互联网企业“走出去”提升为国家战略的建议》。他在接受采访时谈到微信走出国门，拓展海外市场时说道：“成或不成，腾讯这辈子就这一个机会了。”显然他是将赌注押在了微信上，对微信寄予了厚望。

他认为，中国企业中，华为、中兴、海尔等已经实现“走出去”了，但是互联网企业相对落后，至今从来没有实现真正的国际化。“过去中国互联网模式都是从美国拷贝过来的，走出去不太可能。随着移动互联网浪潮席卷全球，很多国际互联网巨头自己也并没有准备好，或者受限于原有 PC、Web 服务和习惯的牵绊，（他们）很难做出纯移动互联网文化产品。现在亚洲的移动互联网和手机在一定程度上发展速度比西方还快，这给了中国互联网企业一个千载难逢的机会。”马化腾如是说。

在此之前，微信已经在港台地区、东南亚地区有所发展，为进军美国也先试了水。在港台、东南亚这些地区，微信不遗余力地进行了大量的广告宣传，通过明星代言等手段打出了知名度，积累了一批用户。但是在美国市场，微信的步伐就缓慢下来了，用户主要还是华人和中国留学生。微信的竞争对手们来势汹汹，包括 WhatsAPP 以及 Facebook Messenger 等，以及也在计划进军美国市场的日本移动社交产品 Line。

马化腾坦言，微信能否成功进军美国还很难说，相比于其他地区，美国是最难啃的一块骨头，他谈道：“WhatsAPP 在亚洲和欧洲很强，反而在美国，用户不太接受。也许当地最强的是 Facebook，现在它已经向移动转移，收购了 Insgram，推出 Facebook Messenger。但它受原来 PC 互联网的体验影响比较大，也许还会有很多新的东西不断出现。这是一个全球面临巨变的时代，竞争要按天计算，生死时速。”

微信本身虽然也是舶来品，但是马化腾表示，微信作为腾讯在国际化道路上探路的产品，其创新速度早已超越了其他同类产品，腾讯已经赋予了它越来越多的新功能，比如开放平台、商业模式的嫁接、朋友圈、音乐等，这些都是腾讯的自主创新。相比较于最初的产品，微信早就已经脱胎换骨。现在正是微信全面超越对手的关键时机，必须牢牢把握。

2013年7月，腾讯宣布微信海外用户数量超过7000万，1个月后海外注册用户数量已经突破1亿，而这距离将微信正式推向海外市场也才不到1年半的时间。而到了2014年，腾讯财报显示，截止到6月30日微信海外用户数量已经突破2亿。在短短1年时间里，微信海外用户数量实现了翻番，可谓成绩喜人。

2014年，QQ月活跃账户数达到8.15亿，比2013年同期增长1%。微信和WeChat的合并月活跃账户数达到5亿，比2013年同期增长41%。可见，微信的发展速度迅猛，接力QQ，让腾讯在即时通信领域里的霸主地位更加巩固。

第四节　移动互联网：腾讯再次独占鳌头

2015年4月，福布斯中文网发布了“2015福布斯中国移动互联网30强”榜单。该榜单记录了中国科技公司通过移动互联网所取得的收入排名。其中，腾讯公司以221.71亿元的移动收入荣登榜首。

移动互联网近几年发展迅猛，许多互联网公司现在最关注的就是向移动平台转型。福布斯的榜单统计了各家科技企业在2014年通过移动互联网所取得的收入状况。在整体格局未改变的情况下，中国互联网三巨头BAT（百度、阿里巴巴、腾讯）仍然遥遥领先。2014年整个年度，百度通过移动互联网所取得的收入为181.49亿元，阿里巴巴是137.55亿元，而腾讯则是221.71亿元。此外，排名第四的京东，其移动收入仅为40.47亿元，和BAT仍有不小的差距。

其实，2014年百度在移动领域的动作不小，181.49亿元的移动收入也许让很多人觉得意外，跟它的大动作不成正比，效果算不上很好。这个榜单还有一点值得注意，那就是排名前15位的企业都获得了10亿元以上的移动收入，这是相当可观的，并且手机游戏的渠道和发行成了移动收入重要的组成部分。

2015年美国《时代周刊》公布了“2014年百位最具影响力人物”榜单，马化腾时隔7年，2007年后再次入选该榜单。《时代周刊》这样评价马化腾：“温和、为人低调，却是当之无愧的明星。他1998年创立的公司已经发展到如此的高度，但他不只是建立了一个成功的企业，而且他在中国独特的文化背景下，将独生子女家庭以及庞大的移动互联网的人口联系起来。”

2014年，马化腾被披露曾在2011年为克莱·舍基的《认知盈余》作序，是译者北京大学教授胡泳力邀的。这篇序言充分展现了马化腾的前瞻性，而时间的推移似乎印证着这篇文章的思想正是腾讯的基石。马化腾在此序中如此写道：

> “我曾经说过，不管已经出现了多少大公司，人类依然处于互联网时代的黎明时分，微微的晨光还照不亮太远的路。在这个行当里，不管一家公司的赢利状况有多么喜人，也都随时面临着被甩出发展潮流的风险。”

> “发展潮流的漩涡正在席卷我们，网络正在发生演变。过去，我们可以把网络解读为一种精英享用的新兴工具，它向用户提供的是接触传统精英文化的一个更加便捷的通道，也就是说互联网是内容的传递者而不是生产者。现在则不同，每个人都可以成为内容的生产者，互联网作为一个社会形态的元素，正在为社会源源不断地输出新的内容，制造新的话题。”

要想看得更远，就要站得更高。对于企业家来说，思想的广阔深邃，决定着一个企业的未来。马化腾对互联网领域的认识之深，有理由让人相信，腾讯会有一个更辉煌的未来。

第二章　马化腾其人其事

腾讯的成长基因有很大部分来自马化腾的成长基因。斯文而低调的马化腾，却有一种气吞山河的霸气。他所创立的腾讯，从即时通信到游戏、支付平台，在各个领域全面影响着人们的生活方式，从一只默默无闻的小企鹅成长成了家喻户晓的互联网巨头。

马化腾是靠什么取得如今的成就的呢？

第一节　IT 界的“团中央书记”

马化腾是一副白面书生形象，既没有海归的洋气，也没有草根的土气，一看就是“书生意气，挥斥方遒”的“同学少年”。他比较低调，很少在媒体上露脸，说话谨小慎微，工作精益求精，一副亲民形象。

1. 低调与沉稳

在中国互联网业内，马化腾是著名的低调分子。他对交际不是那么热衷，这体现在他和媒体的关系上。跟马云总是能吸引媒体注意力、经常在各种场合进行发言、亲自和许多记者交流相比，马化腾低调得多，他几乎从不轻易接受记者的采访，不过要是接受采访了，他也十分坦诚。

有人统计过，马化腾从腾讯上市到“3Q 大战”之前，接受采访频率就是每年年底亲自接受一两家平面媒体的采访。马化腾身边的人曾说，有一年，Pony 在年初的时候接受了媒体采访，出门后如释重负，对公关部门说，“今年全年的采访任务提前完成了”。

从外表上看，虽然马化腾有 1.8 米的个子，但是比较有书生气，给人平易近人的感觉。有 IT 评论人认为，马化腾没有人们意识当中的领袖通常具有的那种狠劲儿。这一点在旧时曾任广东电信旗下 21CN 事业部高级经理的丁志锋的回忆中也得到了印证。在丁志锋的回忆中，当初腾讯处于创业初期，马化腾和团队里的合作伙伴曾李青一起来见 21CN 负责人，希望 21CN 能收购 QQ。但是当时几乎所有人都把曾李青认成马化腾。在他们眼里，此二人相比之下，侃侃而谈、表达流利、派头十足的曾李青更像大老板。

马化腾和曾李青一起去广州美国领事馆办签证的故事也很有趣。当时腾讯要去美国参加某个游戏展。意外的是，马化腾被签证官拒绝了，曾李青本来觉得自己再去也没意义，但还是试了试。曾李青回答签证官的问题时，自信又从容，没有被签证官牵着走，反而霸气地介绍起腾讯公司来，不一会儿就让签证官盖了“通过”的章，甚至马化腾也因此获得了签证。

相比其他的互联网企业领袖，马化腾更显得不喜欢说话，简单直接，效率很高。“公司所有的管理人员都非常年轻。Pony 给我的第一印象不像老板，像工程师，从长相到说话、到思维方式都很像。”腾讯的某位工作人员曾这样说。马化腾也曾自认为属于技术型人才，管理并不是他的强项。很多人都认为马化腾更像一个持实用主义哲学的技术人才。接受采访的时候，如果被问到一些很形而上学的问题，他会很为难：“我真没想那么多，虚的东西我不会讲。”但是他对产品倒是能侃侃而谈。

在人际交往方面，马化腾也不是很主动：“我的朋友，或是同学，或是网友，遇到了，交往多了，也就固定下来。我不擅长主动结交别人。”在没有工作的时候，他更喜欢跟家人在一起，是一个标准的“宅男”。

马化腾的低调显然也体现在了腾讯的每一次行动当中。正是这种低调让对手们防不胜防。马云就曾经说过：“QQ 的确很厉害，QQ 的攻击永远是悄悄的。”无论是在对手们强势宣传时低调地推出腾讯门户，还是在让人意想不到的时候进入电商、休闲游戏的领域，腾讯的每一步都走得又低调又沉稳，不到有一定把握时决不出手。

著名独立 IT 评论人洪波曾这么描述马化腾：“我相信，马化腾手里，既有一个显微镜，让他可以看到很多大公司创始人看不到的产品细节；也有一个望远镜，让他可以看清腾讯所处的宏观环境。麦田怀疑马化腾只关注细节，略逊霸气，其实是没有道理的。霸气并不表现在你凶狠、得理不饶人上；霸气更多表现在不动声色地扩张，以及实现野心的具体步骤上。看看腾讯游戏怎么在不经意间超过盛大，我想没人敢真正忽视马化腾的霸气。”

2. 专注于做事

马化腾的成功，有人总结原因说是运气太好，而马化腾自己总结说，是对QQ的专注成就了今天的自己。

“他是一个专注的人”，几乎所有业内伙伴提到这位低调的老板，都会用“专注”这个词。马化腾每天大部分时间都在网上，并不仅仅因为他热爱网络，更因为他有一个目的，那就是在互联网的犄角旮旯里发掘新的商机。

马化腾为人温和，没人见过他与谁红过脸，也没人见过谁给他或者他给谁拍过桌子。他是个性格很好的人，一般不会为难谁。但腾讯员工与马化腾开会并不轻松，虽然他话不多，很多时候都在听，但一旦发话，就一针见血，问得很细，不可能让员工随便对付过去。这和他专注的性格分不开。

很多人都苛责腾讯起家靠山寨，但是早期这样做的公司少说也有数百家，大家起点都一样，产品同质性也很强，而只有QQ一家异军突起。这与马化腾这个“技术宅男”专注于产品的用户体验，不断研发、不断微创新有很大关系。

3. 后发制人的艺术

无论是即时通信，还是后来腾讯拓展的每一个领域，马化腾都不是第一个吃螃蟹的人，但是他都获得了不小的成功，让人不得不好奇这其中有什么窍门。其实，这与马化腾低调、沉稳的性格不无关系。

“后发的风险最低，特别是当你有一些平台优势的时候，后发是最稳妥的方式。”马化腾不否认自己是为了规避风险，“我们会做小的创新和尝试，但网游和电子商务等比较大的项目，肯定要后发，后发可以研究哪些最适合我们发挥。比如我们觉得淘宝的方式能够发挥中国网民的人气，我们的电子商务就会倾向于它的形式”。

腾讯最初的成功就来自后发制人——QQ对ICQ的模仿，在这个过程中马化腾不仅尝到了甜头，也深刻理解了后发制人的好处。马化腾的性格也让他习惯于谨慎行事，包括腾讯内部的人员交替，也要经过长久仔细的观察，这和许多其他公司的领导者的做法迥然不同。

4. 团队意识

马化腾认为，企业家成功的最重要因素是比较强的技术、产品和用户感，此外，还有团队稳健、股东架构稳健。说起腾讯的股东架构、合作团队能保持那么多年稳定和谐的关系，他认为不乏运气的因素，同时也因为都是知根知底的同学。腾讯创立初期有运气的作用，但到2001年以后基本是靠团队走下去的。

提起团队稳健，一向谨慎沉稳的马化腾早早就做了部署。当年共同创业时是5个伙伴，马化腾的股份是最大的。其实也有人想要占更大的股份，但是马化腾不同意："根据我对你能力的判断，你不适合拿更多的股份。"他认为，能力必须与股份相匹配，否则到管理的时候，必然会引起团队扯皮。

但马化腾所占的股份刻意设置在一半以下："要他们的总和比我多一点点，不要形成一种垄断、独裁的局面。"不过他也不会让自己失去出资最多的地位："如果没有一个主心骨，股份大家平分，到时候肯定出问题，同样完蛋。"

虽说马化腾交友并不广泛，但他的朋友在各个时期在事业上都是他的不小助力，不得不佩服马化腾的友情的含金量。

IT评论人洪波在接受记者采访时举过一个例子，说明马化腾对团队工作的处理：如果腾讯内部有两个部门发生摩擦，马化腾并不会独自决断。他的做法是把双方叫到一起，当面谈。"如果谈不好，怎么办？"有记者问。洪波回答说："那么，他就让他们继续谈，一直到谈拢为止。"

他认为，马化腾能够取得今天的成就，除了自身的努力，还得益于两点：

第一，稳定的团队；第二，稳定的大股东。在中国互联网创业公司中，往往是可以共患难，不能共富贵。跟其他互联网巨头成长的过程相比，马化腾的团队是最稳定的，也很幸运地有一个没有卖过腾讯股票，也几乎没有干预过腾讯管理团队的股东。

当腾讯变得庞大的时候，马化腾也谈过对新人招聘的看法："对我们来说，选人品很重要，超级强调这块，这跟我们的文化有关。喜欢简单的，不喜欢搞政治化。包括选干部，先看人品。再就是看专业能力、配合能力、聪明度等。这是我们选拔人才的几个基本原则。"

虽然马化腾的团队很稳定，但腾讯越做越大，其内部关系也就越来越复杂。除了最初的团队，还有很多新加入的职业经理人团队。有人的地方必然就有资源和利益之争，更何况腾讯的"蛋糕"做得太大，不同领域的团队之间一定存在资源的竞争。"腾讯内部也曾经出现过多个产品争夺QQ客户端的推广资源的情况，并且强行在客户端上推广过，效果并不好。一开始公司没有强力地管理，后来影响到了用户体验，清理过一批。"马化腾曾经这样说。这一切都是对马化腾合作智慧的考验。

5. 战略眼光

2005年，腾讯进行了第一次大规模组织架构的调整。

当时腾讯拥有30个业务部门，决策越来越复杂，层次越来越多，导致部门间的合作性减弱。为了提升团队的执行力，马化腾决定大刀阔斧地对公司的组织架构进行调整。调整重心是将公司曾经几百人时的组织结构调整为与近4000人的公司相匹配的组织结构。调整之后的腾讯被划分为8大系统，一线业务系统被整合为4个业务单元，包括无线业务、互联网业务、互动娱乐业务和网络媒体业务。

此外，腾讯还第一次设立了7个业务部门，任命7个人担任执行副总裁职位，每个人各自负责所在部门的相关具体事务。马化腾把权力分散出去，把琐碎业务托管出去，也给自己在公司长远规划和产品规划方面的工作腾出了不少时间。

早期，腾讯的用户及产品的低龄化特点非常突出。从某种意义上来说，在一段时间内，用户及产品的低龄化特点是腾讯区别于其他互联网公司的优势。但这种优势并不是永恒的，因为用户会成长和成熟，他们关心的事情会发生变化，如果腾讯不能先于他们成长，被抛弃就是必然的。这些对马化腾的战略意识是一个考验。

对此，IT独立评论人洪波说："马化腾手中有大把的好牌，怎么打，取决于他的判断和企业的战略。一个人没什么牌的时候，怎么打都是对的。到了腾讯今天的位置，怎么打比打什么更加重要。"

自从2011年夏天开始，以不擅社交著称的马化腾一改常态，他和伙伴们频频出现在各大媒体。腾讯也在其合作伙伴大会上宣布，彻底开放8大平台，包括朋友网、QQ空间、腾讯微博、财付通、电子商务、腾讯搜搜、彩贝以及QQ等。

在洪波看来，腾讯并不是如外界所说，仅仅是因为受了"3Q大战"的刺激而被迫改变的。在他看来，马化腾4年前就已经在思考开放。在他的回忆里，2007年某次聚会上马化腾就开始询问众人关于Facebook的开放平台的看法，并且在思考将这种开放平台引入中国的可行性。洪波表示："马化腾是一个对趋势和技术相当敏感的人，我觉得腾讯开放的苗头，从那时候就冒出来了。"

事实上，在见证了国际开放平台的巨大成功之后，开放性的大大增强发生在整个中国互联网行业，百度、新浪、阿里巴巴、京东都在积极布局自己的开放平台战略，腾讯也不可能落后。2010年年底，马化腾在中国企业领袖年会上发表了《关于互联网未来的8条论纲》的讲话，并表示腾讯已经开始步入为期半年的战略转型筹备期。

6.“三问”哲学

马化腾的经营哲学是：“三问自己”。

一问：这个新的领域你是不是擅长？

马化腾的竞争对手多半对商务、利润、资本感兴趣，却不一定能把握客户的真正需求；而他凭着对网络市场的一种朦胧却又相当有预见性的理解，用近乎偏执的兴趣和近乎狂热的工作热情搭起腾讯的架子，牢固坚持以技术为核心的公司理念，专注于技术开发和提升质量，当然能高出对手一筹。

二问：如果你不做，用户会损失什么吗？

做软件工程师的经历使马化腾明白，开发软件的意义就在于实用，而不是软件应用程序写作者的自娱自乐：“其实我只是个很爱网络生活的人，知道网迷最需要什么，所以为自己和他们开发最有用的东西，如此而已。”

三问：如果做了，在这个新的项目中自己能保持多大的竞争优势？

1999年下半年，腾讯在网络寻呼系统市场上越做越大，淘到一大桶金，然而也面临着重大选择：一方面寻呼行业在走下坡路；另一方面腾讯的QQ用户数达到了100万，而且还在迅猛增长。早先，QQ只是作为公司的一个副产品存在的，马化腾对QQ所蕴含的巨大市场价值并没有足够的认识。而且无论从技术上还是从资金上，他对QQ究竟能保持多大的竞争优势并没有把握。当时，腾讯所采取的策略是“三管齐下”，一方面继续巩固传统网络寻呼系统带来的大量利润；另一方面将精力更多集中在改进QQ功能和开发新版本上；再一方面就是寻找风险投资的支持。事实证明，这样的策略是正确的。

第二节　“神秘主义”背后，生活中的马化腾

虽然贵为一方霸主，但马化腾无论在生活上，还是在个人宣传上，都保持着一贯的低调，马化腾认为自己“不可能有资格说大话”。这是因为腾讯崛起时他跟互联网一众大佬相比，还很年轻。这位年轻、低调的霸主一直以童心童趣面对工作。他也不喜欢在公司内部搞活动，公司上市的时候连酒会都没有办。这和腾讯的价值观有关：正直、尽责、合作、创新，而不作秀。

除了工作，马化腾其他的爱好比较少。即使婚后，他仍时常加班到深夜。在日常生活方面，“我对衣服没有什么偏好，如果没有正式活动，我都喜欢穿一些T恤之类的休闲一点的衣服。对于什么名牌也没有概念，最近通过太太的指点，才有了一些基本印象。平时面对工作压力，最多的消遣方式就是和同事们去K歌。偶尔也去打打乒乓球运动一下。”

马化腾喜欢天文，喜欢看星星。在他的办公桌上，有很多英文原版天文杂志。在浩瀚的宇宙中观察星星的变化是他的乐趣。马化腾说：“地球以外的这个未知世界，特别是非常浩瀚的星空，充满了神秘感。网络也是一个非常奇妙的世界。我对这些未知的自然科学，都有冲动想去探索得更多。”

马化腾喜欢打游戏。他创业之初，还没有特别流行的网络游戏，那时流行CS。每天下班，马化腾就和他的同事分成两队进行比赛夺旗，赢的多半是马化腾。马化腾在打游戏上有相当的天赋。此外，他还是一个策略玩家。因此，即便他的对手拼命想阻击他，都很难奏效。《传奇》流行的那会儿，马化腾也玩《传奇》，据说他的级别非常高。之后腾讯自己进军网络游戏，马化腾就玩自己的游戏，游戏部的员工也因此与马化腾相对接触最多。2007年3月，QQ休闲游戏在线用户突破300万人，马化腾亲自出席了内部庆功酒会，和每个人碰了杯。

相比马云这个互联网门外汉，马化腾却算是一个互联网的资深技术男。在

深圳大学攻读计算机专业的时候，马化腾的计算机水准已令老师、同学刮目相看，他既可以成为各种病毒的克星，为学校计算机维护提供不错的解决方案；同时又经常搞些将硬盘锁住的恶作剧，让学校机房管理员哭笑不得。

马化腾技术上很强，而关于他和 CTO 张志东谁更强一些，腾讯内部有过讨论，结论是张志东要更胜一筹。张志东是华南理工的计算机硕士，在腾讯创业前在深圳很有名的黎明电脑工作，他对软硬件都很精通。但是，马化腾在产品方面的感觉比张志东要好，他的长处是能够把很多事情简单化。追求简单，是马化腾个人性格和做事风格的最大特点。

第二部分

运筹帷幄：马化腾的 5 步棋

在腾讯的纵横捭阖中，马化腾经历了无数次艰难险阻，却无数次化险为夷，步步为营。其中，最重大的便是：小马出山——从青年员工之实干到创办腾讯之艰辛；开仓抢钱——熬过互联网的冰河世纪，腾讯在香港上市，市值翻千倍；江湖恩怨——腾讯和马化腾与微软、360等行业内的竞争者逐一过招；全民公敌——腾讯为了摆脱那甩不掉的山寨原罪不断努力，在各种争议当中学习改进；风云四起——经过各种磨炼越发成熟，让企业在赢利之外满足更多的用户诉求。在苦难面前，腾讯总是善于不断反省自己，不断调整自己，从而突出重围，最后赢得辉煌。

第三章　小马出山：自古英雄出少年

自古英雄出少年，有很多成功人士自小就显得与众不同，马化腾也是如此。对爱好的执着，对环境的适应能力，以及在计算机方面的天赋，成就了马化腾。

自小马时期，“低调”就是马化腾的代名词。初出茅庐不久，马化腾就找到了金饭碗。他无比低调，勤勤恳恳地做着自己的工作，从不在公司里突出自己的存在感。谁能料到，当年默默无闻的小马，会变成后来改变中国互联网的人物？

QQ 企鹅，正如当年的马化腾那样，亲切、低调，看上去没有任何攻击性。这样憨态可掬的小企鹅随着时间的推移，逐渐深入人心，成为家喻户晓的互联网霸主。

第一节 润迅时期青年员工，了不起的小马

1. 青年小马

生长于海南这个海岛上，童年和少年时期的马化腾，有着一个颇具浪漫色彩的理想——当个天文学家。但是，这个理想并未得到他身边人的完全理解。在父母没有给他买望远镜后，他在日记里写道：“如果不给我买望远镜，可能就扼杀了一个天文学家。”那时候，一个望远镜的价钱是父母两个月的工资。尽管如此，最后父母还是给他买了，可见他的父母非常开明，非常重视他的梦想。在这样的家庭环境中长大的少年，必然是幸福的。也许正是这样的家庭环境，使得马化腾自小就在自主性方面得到了潜移默化的培养。

马化腾从13岁起全家迁居深圳。当时是1984年，改革的浪潮正在深圳这座中国最年轻的城市里掀起。在这座充满活力的城市中，马化腾独特的商业天赋逐渐显现出来。这时候的他正在读初中二年级，就读于深圳最好的中学——深圳中学。

深圳是一片完全不同于海南的天地。20世纪80年代，全国媒体提到深圳常用的词汇就是“深圳速度”。这是为什么呢？因为深圳的发展实在太快了，尤其以当时的深圳国贸大厦为标志，三天一层的建设速度，让全国都感到震惊。“深圳速度”就是改革开放中国建设发展的象征。当马化腾习惯了深圳的快节奏生活，习惯了日益创新的科技发展和繁荣的金融市场时，他嗅到了现代化的气息，也逐渐成长为一个持实用主义哲学的青年。

“实用主义”后来变成了马化腾的烙印。大学时期的他，就表现出信奉实用主义的特点。

青年时期的马化腾就近上了深圳大学。深圳大学创办于1983年，那时设立

深圳特区还不到3年。深圳大学虽然与一流大学难以相提并论，但是它地处深圳特区，有着得天独厚的地理优势，发展速度相当惊人。巨人集团总裁史玉柱、红豆实业股份有限公司董事长周海江等商业巨子都来自深圳大学。马化腾和腾讯的另外3位创始人张志东、许晨晔、陈一丹更是深圳大学的同窗。

大学期间，马化腾选择了计算机及应用这个新兴专业，此专业也与他的理工科背景相符合。20世纪80年代是我国计算机专业快速奔跑的时期。跟现在几乎每个大学里都会有计算机专业不同，那时的计算机专业无疑是太过于超前了。现在看来，计算机专业无疑是十分有前途的，国内近30年创业最容易成功的，就是互联网产业。

提起儿时的爱好以及没有选择天文学专业的原因，马化腾自己曾不无幽默地说："毕竟天文太遥远了。"可以肯定的是，马化腾的这一次选择非常成功，虽然他最终没有成为一个天文学家，却成了如今这个春风得意的IT巨子。

大学期间，马化腾在电脑方面的天赋就淋漓尽致地发挥出来了。兴趣是最好的老师，这时的马化腾已经对计算机产生了浓厚的兴趣，这也为他后来的发展奠定了基础。有传闻说他会开一些小玩笑，将学校电脑机房的硬盘锁起来，连老师也无可奈何。作为中国第一代"黑客"，他也学习攻克各种病毒，普通的病毒对他来说简直是小菜一碟，甚至学校的老师都要求教于他。

关于这个传闻，马化腾并不否认："我第一次接触电脑是在中学，接触的是苹果；真正喜欢电脑，是从大一、大二开始的。因为当时机房紧张，如果我在硬盘上存了一些数据，或者不想让别人用那台好机器，我就会写一些分区让机器锁定，别人就打不开这台机器了。"

如果说这时候的马化腾，还只是在计算机方面展现了一些小聪明，并不能和他日后的巨大成功挂钩，那么随后马化腾在股票领域展现的天赋，就表明他的小聪明里含有大智慧！

2. 软件工程师的"股霸卡"

从13岁到深圳至今，马化腾已经在深圳度过了30年的时光。他在深圳取得的成就和这座城市的一切息息相关。20世纪90年代，时代的巨变就在深圳这座城市里发酵。当时深圳的互联网发展无出其右，国内最早的一批互联网公司就在这里诞生，这也是后来深圳互联网始终走在全国互联网行业前列的原因。加上临近香港，开放创新就是深圳的精神气质，这些也在无形中熏染了马化腾。

1993年从深圳大学毕业后，马化腾进入润迅。成立于1990年的润迅，当时主要经营寻呼业，经营理念是"市场主导，技术先行"。而且依靠在全国卫星联网、秘书台及港澳台等服务上的领先优势，短时间内，它便成为中国南方寻呼业中的知名企业。润迅公司是当时全深圳福利最好的单位，每天能为2万名员工提供真正的免费午餐。1995—1998年，正是润迅最光辉的岁月，有20亿元的年收入，毛利率超过了30%。可以说，润迅正值当时寻呼业的辉煌时期。个人出色的计算机能力、认真的学习态度，加上当时寻呼业的火热，马化腾可谓恰逢其时。很快他便得到赏识，在短短几年时间里升任主管。

润迅给予马化腾的，最重要的不是金钱上的报酬，而是视野的拓展，还有不少管理上的实践机会。升职为部门主管后，善于学习的他在技术之外学到了很多的东西，如大型公司的管理经验、寻呼行业的特点、怎样在新兴市场取得份额、如何与资本打交道等。腾讯早期的客户资源也和马化腾在润迅的工作经历有不小的关系。腾讯最初的业务就是给寻呼台做配套服务，因为马化腾最初的人脉就来自寻呼台行业，这使其一开始能够相对顺利地起步。

在润迅工作期间，天马行空、灵性飞扬的马化腾形成了一种实用主义的思想。技术人员只有将技术转化为市场产品才能创造价值，于是马化腾开始思考如何将技术融合在市场中。他说："许多软件技术人员往往对自己的智力非常自信，写软件只是互相攀比的一种方式，而我希望自己写的东西能被更多人应用，我也愿意扮演一个将技术推向市场的小角色。”

可以说，所有的创业人员都需要第一桶金。在马化腾担任润迅公司开发部主管时，正是中国人炒股的第一个热潮期。独具慧眼的马化腾从中找到了商机，他与人合作开发出“股霸卡”，卖给股民。这个软件卖得异常火热，在赛格电子市场几次卖到断货。“股霸卡”给马化腾带来了更多的炒股自信，他也投入了股市。事实证明，马化腾股票软件的成功并不仅仅是因为运气，更和他精准的判断力和超常的勇气有关。马化腾很快将10万元的股本炒到了70万元，这在当时是一个不小的数字。这70万不仅使马化腾这个年轻人成为百万富翁，更给予了他创业的资本和信心。

马化腾并没有因为一时的成功而自我膨胀，他依旧非常低调地待在润迅，以至于当初的同事回忆起他时，觉得他并不起眼。而当年的同行，却再也不能喊他“小马”了。创业的人90%都会失败，而没有工作经验和工作方向的年轻人创业成功概率更低。马化腾深知这其中的风险，他并没有头脑发热，在时机不到时随意冒险。他在润迅待了5年，这些岁月让他更加成熟，让他在后来机会降临时，能牢牢地抓住，而不是随意让它们溜走。

3. 离开润迅，小马出山

马化腾在自己的主业领域所向披靡，又是在当时非常好的企业工作，让无数人眼红。然而，寻呼业虽然繁荣，但很有昙花一现的趋势。随着手机的出现和普及，寻呼业不可避免地要走向衰落，润迅公司的业绩也开始快速下滑。当时人们眼中马化腾手里的“金饭碗”，迅速失去了它的含金量，似乎快要变成泥饭碗了。于是马化腾在人生中开始面临第一个艰难的选择，是继续坚守在寻呼行业，与润迅公司共患难，还是跳出润迅公司另寻他路发展？

其实，寻呼业还处在鼎盛时期的时候，马化腾已经在未雨绸缪了。如他般有远见的人明白，没有哪一个行业会一直繁荣，在IT行业更是如此。

还在润迅工作期间，马化腾就不甘于做一个朝九晚五的打工者，他做了一份当时别人意想不到的新潮兼职——建立惠多网（CFido）深圳站。惠多网是BBS的一种，1984年诞生于美国，是早期新潮的网迷们上网的为数不多的途径之一。马化腾很早就接触了惠多网，可以说是个名副其实的“史前网虫”。马化腾说：“在网上我才会获得完全的兴奋。”他是一个行动主义者，他把爱好转变为行动，自己投资5万元，在家里联了4根电话线和8台电脑。1995年，一根电话线的价格大约是8000元，在那个年代这样一个数字不是一般家庭负担得起的。但马化腾还是如此行动了，几台电脑和几根电话线就构成了一个简单的局域网。这一次的经济投入，几乎是当时马化腾的全部身家。从此他成了惠多网深圳站站长。马化腾给自己起的英文名是Pony（即小马驹），后来腾讯的人都这么叫他。他的站台叫“Ponysoft”，“Ponysoft”意思是“马化腾的软件站台”。准确地说，这时候的马化腾只是把惠多网当成一个兴趣爱好，最多算一个副业。但兴趣是最好的老师，它能让人废寝忘食。所以当时的马化腾白天仍然在润迅公司当他的软件工程师，而晚上几乎一直泡在惠多网上。那时的他并没有想到这个网站会成为他以后成就大事业的引线。

事实上，惠多网对马化腾意义非凡。和马化腾在惠多网上聊天的不少朋友，当时只是和他一样的“史前网虫”，后来他们都成为互联网业内执牛耳的大人物，而他们与马化腾早早地就结下了友谊。可以说，马化腾的创业史是“聊天聊出来的”。

马化腾虽然已经意识到了寻呼业一定不会是一个长久的领域，他也在不断地尝试着走出去，但是对于年轻的他来说，他不知道走出去后未来的路在哪里。所以那段时间，他虽然在乐此不疲地弄着他的惠多网，但他还是没有真正意识到他的机会到底在哪里。

事情的转折点出现在1996年。整个故事起源于一个叫“ICQ”的软件的诞生。ICQ是一款网上交流的软件，它是由3个以色列人——维斯格、瓦迪、高德芬格共同开发出来的。取名为“ICQ”，即“I seek you”。ICQ支持在Internet上聊天、发送信息、传递文件等。3人在1996年11月推出ICQ后，该软件就开始受到人们的关注。后来3人把它卖给美国在线（AOL）后，在美国在线的推动下，ICQ迅速风靡全球。一直关注互联网发展的马化腾，作为20世纪中国最早的一批“网虫”之一，首先体会到了ICQ软件的先进之处。当马化腾体会到ICQ的魅力时，他的眼睛不自觉地放着光芒，他认为这是一个里程碑式的发明，这个软件可以使网上的所有人进行直接交流。研究和关注ICQ的马化腾发现，如此好的软件竟然没有中文版，而且对使用者的操作技术要求较高，不易推广。于是他终于看到了未来的希望，他立志要开发出属于中国人的聊天软件。

罗马不是一天建起来的，成功也不可能一蹴而就，马化腾的创业充满了艰辛和挑战。1998年10月，经过深思熟虑，时任润迅开发部主管的马化腾毅然辞职。此时马化腾虽然没有明确的创业思路，对于具体的做法也没有清晰的想法，但是他有了努力的方向。就是凭着这样一种感觉，马化腾走上了复杂、艰辛却终获成功的创业之路。海阔凭鱼跃，天高任鸟飞，终于出山的小马又将怎样一鸣惊人呢？

第二节 企鹅诞生，即时通信霸主的艰难起步

1. 腾讯：一次全新的尝试

1998年，对中国互联网有着非凡的意义。这年的2月份，张朝阳成立了搜狐；10月份，周鸿祎成立了3721；11月，离开润迅公司1个月的27岁的马化腾和几个创业伙伴一起在深圳成立了这个后来改变了国人沟通方式的公司——深圳腾讯计算机系统有限公司。

据说，当初在润迅公司，马化腾也曾提出过开展互联网业务的建议。但由于当时寻呼业的火爆形势，润迅并没有重视马化腾的提议。当时很多人并没有看出互联网的巨大发展前景，更看不到客户资料比现金收入更加重要。现在，很多互联网公司都普遍认同：有忠诚度的客户是最宝贵的财富，商家即使有钱也未必买得到。

马化腾作为中国最早的一批“史前网虫”之一，当他打算离开润迅自主创业时，他对于做互联网软件是否能成功其实心里也没底。让马化腾真正树立起做即时通信的信心的，恰恰是当时的几位网友，也是当时互联网领域的领军人物——求伯君和马云。此外，一些在网上认识的网友，也给了马化腾不少启发和鼓励。而网易总裁，当时也是马化腾朋友的丁磊的成功，更是给了马化腾直接的刺激。“丁磊后来的成功为我带来了启发，只要去做，在互联网上没有什么事情是不可能的。”马化腾后来说。1998年2月，由于资金紧张，丁磊将网易免费邮箱系统及域名以高价售出，此事让马化腾对互联网更有信心了：邮箱系统尚且能卖出如此高价，即时通信的市场更加不在话下。离开润迅后，马化腾手中已经有了百万元的原始积累，他不需要为生计发愁，可以把精力转移到自己更感兴趣的行业中。

对于互联网公司来说，名字的重要性不言而喻，一个朗朗上口、富有创意的名字，能让公司迅速提升知名度，深入人心。例如马云的阿里巴巴，谈及为什么起“阿里巴巴”这个名字，马云说，当时自己想做一家能够影响全世界的互联网公司，就想到“阿里巴巴和四十大盗”这个享誉全球的故事。据传，关于公司名字，马云想了很久也没想到特别合适的。某一天他在美国吃饭，忽然想到一个绝妙的名字。为了测试这个名字是否可行，他叫来一个餐厅服务员，问他知不知道“阿里巴巴”这个名字，餐厅服务员说当然知道。随后马云又在全球各个地区进行了测试，发现这个名字的知名度非常高，因此确定下了公司的名字——阿里巴巴。

关于腾讯，不难看出，“腾”字取自马化腾自己的名字，而“讯”字则与马化腾在润迅的工作有关。而且最初的腾讯，主营业务确实是给寻呼台做配套服务，后来才转到即时通信软件上，因此这个“讯”字也是相当贴切的。腾讯的英文名“Tencent”据传是参考著名的通信公司朗讯（Lucent）而起的。

据马化腾的父亲马陈术说，“腾讯”这个名字是他起的，寓意为“万马奔腾的信息时代”。当时马化腾团队一共起了4个名字，都有“腾”字。其实当时个性低调的马化腾并不太想用“腾讯”这个名字，因为个人印记太明显。但他想到的另外3个名字都已经被别人注册了，最后还是使用了“腾讯”。

2. 即时通信的兴起

现在看来，当初马化腾选择即时通信作为公司的发展方向是明智之举。即时通信（Instant Messenger，简称IM）软件是目前上网用户使用率最高的软件。顾名思义，它们具有即时性的特点，能让网民随时联络。这是它们的最大优势，现在它们已经成为现代人不可或缺的交流工具。

当前的即时通信软件功能更加强大，内容更加丰富，它们集成了数据交换、语音聊天、网络会议、电子邮件的功能，使网民在网上的交流越来越方便和直接。除此之外，它们还逐步整合其他的通信方式，如 e - mail 和短信功能，使其逐渐成为一个强大的个人网上通信交流平台。

由以色列人首先开发的 ICQ，当然是国外最早也是最有代表性的一款即时通信软件，它的出现开创了即时通信的先河。

ICQ 一经推出，便很快为人们所接受，并且成为人们越来越喜爱的通信方式。甚至在当时互联网还不太发达的亚洲地区，其市场用户量也奇迹般地占到了 70%，而在当时的中国国内 ICQ 更是占到了 80%的市场用户量。

但是时过境迁，ICQ 在中国已经辉煌不再。调查显示，如今国内的 IM 软件排名中 ICQ 已经跌落到第八位。若以如此速度没落下去，ICQ 撤出中国之时指日可待。

ICQ 在中国的没落有着多方面的现实原因，但就根本原因而言，是其开发者思维保守，没有做到与时俱进、贴近市场。他们把软件做出来之后，只是推出英文版，然后以一个好价钱卖给了美国在线公司。即使该软件迅速被用户所接受，他们也没有想过调整市场战略和增强产品性能。在日新月异、风起云涌的网络时代，ICQ 的没落是必然的。更何况，ICQ 从诞生伊始就有很多硬伤，可谓先天不足，例如语言单一、无法发送离线消息等。在最能吸引用户的时期，他们没有把握住机会，而是沾沾自喜于取得的成绩。当他们发现 QQ 已经占领了中国这个巨大的市场时，再做弥补为时已晚。因为即时通信工具本身就具有互斥性，用户很难轻易放弃惯用软件，换用一款新软件。更何况 QQ 这款占领大部分中国市场的软件远比 ICQ 更本土化、更“亲民”。这下，外来的和尚也不好念经了。ICQ 也曾经做过重新夺回市场的努力，可惜早已无力回天。

历史鲜明地展示着，对于即时通信软件来说，锁住用户就是锁住一切！

3. OICQ：打开成功的大门

不少人用“太过顺利”来描述马化腾的创业历程，其实他们根本不了解马化腾在创业过程中许多不为人知的困难和艰辛。创业初期，因为经营困难，腾讯并没有自己开发的业务，也没有明确的发展方向，马化腾率领自己的团队做网页、做系统集成、做程序设计……“什么业务都敢接”，说白了就是在做外包。

渐渐地，马化腾觉得没有属于自己公司的软件是不行的，替人打工，没法拥有稳定的客户和业务，举步维艰的公司迟早会被淘汰。而在软件开发方向上，他对于将寻呼业和互联网结合起来已经有了自己的想法。马化腾和张志东最初所做的尝试就是把寻呼融入互联网中，研发无线网络寻呼系统（TIPS）。使用该系统，用户不必拨打电话，通过互联网就可以将信息发送到寻呼机上。但是当腾讯拿着自己的产品出去推销时，总是会被运营商拒绝。这一方面是因为他们不懂市场规则，另一方面是因为公司太年轻，没有名气。

据说，关于是否选择ICQ项目，腾讯的创始人们也进行过激烈的争论，最后，对网络技术发展方向的认同感使大家求同存异。1999年2月，马化腾与张志东终于有时间开发OICQ了。当时网络上免费的软件并不多，马化腾将OICQ放在网络上让人免费下载时，并没有指望能靠它赚钱。让人意想不到的是，花了不到1年的时间，OICQ的注册用户就已经达到500万，成为网络上最流行的即时通信软件。随后，OICQ的注册用户呈几何式增长。现在回忆起来，马化腾认为腾讯那次成功是缘于“对专注的坚持”。当初被无数次拒绝的马化腾始终坚信：“经过很多次的不断尝试后，总会有用户接受我们。”

早期的OICQ其实只是ICQ的汉化版。无论内容还是形式，OICQ都抹不去ICQ的痕迹。新浪网的创始人王志东曾批评马化腾说：“马化腾是业内有名的抄袭大王，而且他是明目张胆地公开地抄。”可是，马化腾对于模仿有着深刻而理智的见解。“模仿并不丢人，但模仿有两个基本要诀。第一是选择模仿的对象。一定要选择已经被证明是成功的、有前景的好东西，同时要牢记模仿只是手段和工具，模仿的目的是创新。第二是把握模仿时机。在进入一个领域的时机把握上，一般选择有第二家出现后，即有了一家开创者和一家跟进者，这表示这个市场即将启动。选好这个时机，马上大部队跟进，超第二，拼第一。”

不得不承认，马化腾虽然从模仿 ICQ 起步，但并没有全盘照搬照抄，正如他所说，“模仿的目的是创新”。他很快就发现 ICQ 有很多缺点：它只能与在线的好友聊天；而且它的全部信息储存于用户端，一旦用户换一台电脑登录，以往添加的好友就会消失。于是，马化腾决定对其进行改进。马化腾技术出身的优势在这个时候得到了充分体现，他不仅针对 ICQ 的缺陷编写出了一套服务器终端信息保存的程序，还将前后两端的功能按照用户的需求有机结合了起来。腾讯的 OICQ 一诞生，就具备离线消息功能，任何人都可以通过在线用户名单随意选择聊天对象。直到几年后，QQ 最强有力的竞争者 MSN Messenger 才终于拥有了类似的功能。腾讯为自己的产品取名为“OICQ”，即“Open ICQ”（打开 ICQ）。

在马化腾看来，腾讯的核心发展策略就是紧紧围绕用户价值——一切以用户价值为依归，发展安全、健康、活跃的平台。这是“腾讯获得持续、健康发展的金科玉律”。广大互联网用户是腾讯价值的基础，“脱离了用户价值，腾讯的所有一切都将不复存在”。只有不断增加用户社区价值，注重平台的健康发展，增加活跃、忠诚的用户，腾讯才可能有长远的发展。“因此，在工作中，腾讯一直要求每个员工都以创造用户价值为己任，不断在营运、服务和创新上丰富和提高用户的体验和满意度”。

4. 企鹅的由来

陪伴用户十几年来的亲切的QQ标志——一只萌萌的小企鹅，它的“身世”又有着怎样的故事呢？对此，马化腾曾亲自写信向后来进腾讯的员工做了详细解释，我们也可由此信了解这只企鹅诞生的始末。

QQ名字的由来

Ponyma

先并没有按“鸽子”设计过，这是误传了。当时是我让美工Koke找些动物、植物来设计的。尝试了好几个方案，主要是受限于16*16点像素的表达，最后定了企鹅（写实版），和Linux的标志有些像（写实的企鹅，样子都是类似的，且Linux的企鹅是坐着的）。当时在传呼机和企鹅之间犹豫，因为第一个版本的企鹅不算太好看。最后将两个图标放到网上让用户选时，企鹅的得票率开始低于传呼机，但过几天后就开始追上传呼机了。又补了几个用企鹅做的可爱动画gif（如企鹅走路摔倒、滑行等）。老用户开始怀旧，但新增用户没有包袱则选择企鹅了。就这么定下改用企鹅了。

胖企鹅的来由。应该说选择企鹅和做陶瓷公仔关系不算大。的确做了第一批企鹅（写实版）之后，再做时让厂家加胖了一些（否则怎么叫储钱罐？），但仍然没有太大的变化。真正的变化，是请了东利行帮我们重新设计时东利行自己想出来的，包括企鹅的红围巾。之后我们就按这个版本（包括QQ名称）进行大包围注册所有类别商标了（包括汽车类，当时还未出奇瑞QQ）。

马化腾的英文名字是Pony。聪明人不难看出，马化腾邮件中的“Ponyma”便是他的网名。

直到现在，马化腾的QQ10000仍用着“Pony”这个名字。在下文还会提到与马化腾一起创业的伙伴张志东。如今他是腾讯的二把手，他的英文名字叫Tony，“二尼组合”堪称腾讯的核心。

从这封信中可以看出，初出茅庐的马化腾就深谙让市场进行选择的道理。腾讯对企鹅图标的选用，并不是闭门造车的结果，而是经过了用户的选择、专业人士的改进。如今，这只企鹅早已深入人心、家喻户晓，成为互联网界最有知名度的图标之一。

第三节　措手不及，国际规则的学习者

1. 模仿与创新之谜

事实上，腾讯决定做OICQ的时候，它并不是完全的先驱者，国内有几家公司已经开发出了类似的产品，而且小有成绩。对腾讯来说，公司内部对于这个项目还是持怀疑态度的。最后腾讯决定开展ICQ项目，是有着多方面考虑的。一方面，这个软件可以和公司当时已经开展过的寻呼台等业务相互结合和促进；另一方面，当时一些大型的互联网公司也有意推广即时通信项目，这就意味着未来的ICQ将会被众多人所熟知。因此，抢占市场先机变得异常重要。马化腾正是凭着自己对ICQ项目前景的精准预测，决定拜ICQ为师，开发其汉化版，这是一种勇气。

市场证明，如何规避创业风险是一个重要的课题。市场上90%的创业者都会失败，只有一成的人能存活下来。这是因为，新生事物有着太多的不确定性，这就意味着风险很大。而模仿的最大好处，就是后发制人，可以避免许多不必要的风险。如何存活下来，对于创业者而言是最重要的，持实用主义哲学的马

化腾显然是“先模仿后创新”这种观点的拥护者，这是一种智慧。

无独有偶，综观中国的互联网行业，模仿是一条不可避免的道路。在美国企业主宰全球市场，而中国企业几乎不占任何技术及商业优势的互联网领域，试想处于创业初期的腾讯作为一个注册资金仅50万元人民币的公司，不模仿如何能生存下来？不模仿又谈何创新？当时的新兴企业也都概莫能外。中国本土的互联网公司，百度之于Google，新浪之于雅虎，阿里巴巴之于EBAY，QQ之于ICQ，现在这些本土互联网公司远远领先于其模仿的“师傅”，这其中又以QQ为最，处于绝对领先的位置。近几年兴起的人人网从Facebook获取了大部分灵感，新浪的微博紧跟Twitter，它们走的同样是先模仿再创新之路。

国内网络技术监测公司艾瑞咨询集团发布的《2010—2011年中国即时通讯年度监测报告》显示，腾讯QQ市场份额占到76.2%，即时通信总有效运行时间占比大约是87.6%，占据绝对的垄断地位。事实上，本土超过引进，这在30多年的中国改革开放历程中是非常少见的现象。唯一做到如此多的本土品牌占领市场的，正是互联网企业。

国际著名人力资源咨询公司HAY集团曾经做过一项研究——“中国企业领导人素质模型”，得出一个结论：中国企业家群体对本土市场的深耕的意愿与能力，落后于其他国家的企业家，比如印度。

可是，后起的本土互联网企业竟然赢得了本土主导权，这究竟是为什么呢？

一方面，这些企业家大都出身于草根，是网民中的先驱者，他们对本土网民有着深刻的理解和把握。他们懂得网民上网的精神诉求，也可以说是他们引领着中国人上网。中国人历来被视为一盘散沙，但是奇迹一般，互联网企业为中国人搭建起了前所未有的自由沟通的平台和渠道，让数亿中国人建立起使用互联网的习惯，互联网企业也由此牢牢锁住了用户。

另一方面，这些企业也并非完全闭门造车。它们接受并掌握了国际通行的创业规则、运营规则。所有互联网企业，都需要前期资本的投入，而且几乎都接受过海外投资，绝大部分在海外上市，而不少创业者本身就是“海归”。这与当时国内互联网行业还显得太过新兴不无关系，向国际大环境学习是必需的。此外，互联网企业在管理上也是最符合国际规则的、最透明的。正是互联网行业让CEO、COO、CTO、CMO这些头衔成为常规。互联网公司有着最阳光的特点，如撤换CEO；让董事会成为常规；企业上市，把股价交给市场；人才的高流动性等。这些对于传统领域来说都是极大的突破。可以说，中国互联网企业是用优秀的国际规则，打败了国际竞争对手。

具体到腾讯，其创始人马化腾则是一个优秀的船长，他的视野让他选择了QQ这个产品。没有当初的选择，就没有今天的腾讯。他是一个能够站在战略高度的领导者，也是一个将模仿与创新结合得很成功的企业家。

2. 免费宣传，效果比砸巨资的效果还好

商业时代，一个好的产品，研发团队你知我知，但是怎么样让别人知道呢？

在产品质量优异的情形下，企业的宣传至关重要，更何况市场竞争如此激烈，在广告大战中抢占先机是每个企业都想做的事情。当时一份基于对全国数百家电视台和报社的广告监测统计的报告显示，1999—2000年，中国互联网在这两类媒体上的广告花费总计超过1亿5000万。此外，户外灯箱广告也广泛被互联网企业利用。在当年的北京、上海和广州，Chinaren、搜狐、e龙网、易趣、新浪成为户外灯箱广告曝光率最高的网站。

广告是需要大量资金的，可是OICQ诞生时，马化腾的腾讯才刚刚解决了温饱，资金不过百来万，与那些资金雄厚的企业根本无法比拼。巧妇难为无米之炊，马化腾也很想好好宣传自己的产品，但是没有资金支持怎么办？

1999年年初，抱着试试看的心态，马化腾把OICQ放到互联网上供用户免

费下载。他甚至到大学的BBS里去灌水发帖。在互联网刚刚起步的那几年，上网的大多是年轻人，大学生是难得的稳定又具有传播性的群体。另外，人们家中有电脑的并不多，上网人数最多的就是网吧，可以说网吧对于网络的普及有着至关重要的作用。一般来说，网吧里的电脑会下载和储存各种休闲类的程序，随网民们自由地去挑选、应用。在这个过程中，好的软件就会被留下来，那些没人用的也就会被淘汰掉。网吧，就是最能反映市场选择的平台。就这样，OICQ如同星火燎原一样，在大学校园、网吧里快速地传播着。

用户信息是需要服务器来储存的。当时腾讯只有一个程序员，可是OICQ用户增长实在太快了，即使这位程序员每天努力优化服务器程序来扩大容量，也赶不上用户数量增长的速度。

用户虽然增长得很快，可软件是被免费下载的，没有给腾讯带来半点收入！没有钱买新服务器的马化腾，甚至偷偷蹭别人的服务器，寒酸至极。一位马化腾的润迅同事说，“QQ几乎是一种零投资。当初QQ开始的时候，只是在中国电信放了一台服务器，共享100M的带宽，后台运营几乎不需要什么成本。”

1999年11月，第一本网络畅销小说《第一次的亲密接触》出版，主人公正是通过腾讯OICQ相识的。随着小说在年轻人群体中引起轰动，OICQ的知名度大增，并且成了潮流与时尚的标志。随后，OICQ的流行度已经远超其他即时通信工具，还有BBS。那个象征着腾讯的憨态可掬的小企鹅就这么自然而然地走进了千家万户。

2个月后OICQ注册用户已达到20多万。半年后，OICQ用户注册数突破100万。1年后，OICQ用户注册数达到500万。2000年5月28日的《人民日报》，都刊登了这样一条消息：“5月27日晚20:43，QQ同时在线人数首次突破10万大关。”

当时，虽然ICQ仍然是全球注册用户最多的即时通信软件，但是腾讯的用户增长速度已经远远地超过了它。2001年年底，腾讯QQ的注册用户超过9000万，并且以每天39万的数量继续稳定增长。而由0到9000万，腾讯QQ仅仅用了3年，比ICQ少用了一半时间。ICQ也是在2001年5月用户才破亿。要知道，1998年美国在线买下ICQ时花费了2亿8700万美元！

事实证明，好的产品有着强大的生命力，一定能在市场上生存下来，QQ即是如此。同时QQ也抢占了先机，它的成长速度与中国网民数量的增长速度几乎是同步的。而这背后，是马化腾团队不懈的努力和坚持。在没有外部投资和无法赢利的情况下，他们没有放弃，硬生生地杀出了一条路。

3. 版权争议：国际规则的学习者

2001年3月25日，是一个特殊的日子。这一天，腾讯推出了OICQ2000的最新测试版QQ0325。人们惊奇地发现，企鹅变身了，不仅形象发生了变化，名字也改了，它有了一个略显可爱的名字——QQ。

腾讯初创时，其头像有许多似乎有涉嫌侵权的嫌疑，也是普通网民非常熟悉的中外卡通形象，包括皮卡丘、蓝精灵、史努比、唐老鸭、HelloKitty、大力水手、汤姆猫、加菲猫等。而在QQ新版本中，这些头像都不见了，只有腾讯原产的企鹅，这个企鹅现在还戴上了红色的围巾，显得更萌了。

马化腾这次更名变身行动表现得异常低调，潜移默化中使“QQ”这个名字逐渐深入人心。只有细心的用户在下载最新的软件安装版本时才会发现，一直以来，“OICQ2000”始终是腾讯即时通信软件的正式名称。而后腾讯推出的QQ0325版本却从安装文件开始就自称为“QQ2000”。待到软件安装完毕，其版权说明等处原来的“OICQ2000”字样也已全部改为“QQ2000”。甚至于软件面板左下方主菜单按钮上的“OICQ”字样也为新设计的“QQ2000”字样所代替。更有甚者，可执行文件的名称也由“oicq.exe”变成了“qq2000b.exe”。OICQ改名如此果断迅速，为什么呢？

据说选择“QQ”这个名字背后也有故事。某天，QQ研发经理吴宵光在公交车上，听到了两个学生的对话——“我刚刚申请到一个QQ号。”“你的QQ是多少？”“QQ？”吴宵光一听，觉得这个名字有趣又朗朗上口，回到公司，他就把这事当作趣闻讲给同事们听。

而版权意识的提升，背后也有鲜为人知的曲折过程。

早在1999年，腾讯公司分别两次收到ICQ的东家美国在线发来的律师信，信中称ICQ是他们的专利，腾讯侵犯了其知识产权。腾讯公司在1999年1月26日注册的域名oicq.com和在1998年11月7日注册的oicq.net含有ICQ，所以美国在线要求腾讯公司将域名oicq.com和oicq.net免费转让给他们。

2000年3月3日，美国在线向位于美国明尼苏达州的美国最高仲裁论坛（NAF）递交了有关OICQ两个域名的争议书。律师函中同时声称，现在已经有一个smsicq的案例，是美国在线赢得了这场官司。而这可以让法官作为案例比较。他们意在暗示腾讯公司也一样会输，似乎想让腾讯公司主动放弃域名。

摊上跨国官司实属意料之外。腾讯在式微的时候，并没有太多精力考虑到版权问题。当公司越做越大，自身还只是对版权问题有初步意识时，已经引起了国际公司的关注。虽然马化腾还不知道怎么应付，但是他懂得，在美国这种取名方法行不通，腾讯必须遵守国际规则。马化腾找到了经验丰富的IDG（美国国际数据集团），IDG熟悉美国法律，能帮腾讯应诉。随后，腾讯公司对美国在线的指控做出了答辩。腾讯公司称当时美国在线并没有在美国境内注册“OICQ”，也没有在中国注册，因此腾讯没有侵犯美国在线的知识产权。

其实腾讯私下一直在与美国在线积极沟通。2000年3月21日，仲裁员詹姆士·卡莫迪仍然签署了仲裁判决书，判定腾讯将oicq.com和oicq.net域名归还美国在线。在仲裁会议上，两位律师分别代表美国在线和腾讯公司进行仲裁辩护。尽管腾讯指出当时美国在线并没有在美国境内注册“OICQ”，更重要的是甚至没有在中国注册，但是腾讯仍然败诉了。

美国在线指责腾讯公司一直企图通过注册“0icq”来代替“oicq”，用数字“0”来代替字母“o”，并以此证明腾讯公司恶意注册。腾讯公司却反过来指责美国在线在诉讼开始之前恶意注册“oicq.org”。美国在线注册 www.oicq.org 的时间是2000年2月3日。而它正式向位于美国明尼苏达州的美国最高仲裁论坛递交起诉书的时间是3月3日，时间正好相隔1个月。这一系列的针锋相对说明，姜还是老的辣！熟悉美国法律规则的美国在线公司是有备而来，他们所做的提前注册措施起到了关键作用，把腾讯这个“小学生”打了个措手不及。

于是，就有了腾讯易名和企鹅形象改变的 QQ0325。

腾讯只做了小小的改动，就使得自身避免了和美国在线发生更深层次的法律冲突。值得庆幸的是，腾讯这次应对措施实施得足够及时和低调，在 QQ 的用户群里并没有引起多大波澜和负面影响，这让马化腾在忐忑当中感到了一丝欣慰。

腾讯靠更名躲过了法律危机，却发现 QQ.COM、QQ.COM.CN、QQ.CN 等域名早就被人注册了。无奈之余，它只好暂时启用新域名——tencent.com 及 tencent.net。

QQ.COM 域名，在1995年5月就被美国软件工程师罗伯特·亨茨曼首次注册，开始作为个人电影艺术网站的域名。后来罗伯特·亨茨曼无暇打理网站，就决定拍卖该域名。根据国际互联网上最著名域名交易商 Greatdomains 对域名的估价模式，QQ.COM 域名达到 Greatdomains4 星等级的最高级别。根据4星等级标准，QQ.COM 估价在10万~120万美元，甚至一度竞拍到200万美元，但是 QQ.COM 域名并没有成交。

2003年3月21日，腾讯公司与罗伯特·亨茨曼取得联系，准备高价购买

QQ.COM 域名。据说最终腾讯以1000万元的高价收购了 QQ.COM，但是也有人说腾讯不到100万就将 QQ.COM 域名买到手了，我们难以验证。能肯定的是，腾讯与罗伯特・亨茨曼的域名之争总算告一段落了。

没想到的是，2003年3月17日，腾讯再一次丢了 QQ.CN 域名。在 CN 二级域名开放的20分钟内，原先三级域名 QQ.HL.CN 的持有者——黑龙江数据通信局的刘志勇先生成功升级 QQ.CN 域名。于是，腾讯马上要求域名管理公司商务中国，把刘志勇注册的 QQ.CN 域名还给他们。商务中国认为 QQ.HL.CN 注册在先，符合域名管理机关 CNNIC 对于优先升级的条件规定。后来，腾讯千辛万苦把 QQ.CN 收归麾下。这场域名和版权之争真是辛苦，但也是值得的！

侵权事件让马化腾这个国际规则的初学者的危机意识增强了。就在 QQ0325 测试版推出不久前，中国内地的海虹控股和美国迪士尼达成协议，负责迪士尼网站中文版的开发和经营工作。这一事件直接导致了 QQ 形象的改变。在设计之初，腾讯的这些卡通头像十分新颖、有趣，是吸引网友的一大特色，但是腾讯使用这些知名的卡通形象一直没有付费，也没有得到这些卡通形象所有者的授权，如果因此而惹来官司，腾讯说不定会赔个底朝天。

意识到危机的腾讯在 QQ 更名之时也将头像全部改变，而且全部改变得非常巧妙，例如，将大力水手更换为一个厨师头像，将史努比改变为中国熊猫的形象，将唐老鸭改为毛色较相似的鸭子……就这样，QQ 的最后一个版权隐患也被消除了。

4. 知识产权：既是防御也是武器

聪明人是不会在同一个地方反复犯错误的，马化腾就是一个聪明人。不仅如此，他还学会拿起法律武器，以子之矛，攻子之盾，用知识产权来保护自己的利益。2003年年初腾讯单独成立了法务部，并且开始招聘法律专业人才。

腾讯开始为新产品建立一套非常健全的法律保护体系，包括版权、域名、商标、商业秘密等。该体系在新技术和业务立项之初，就开始有针对性地进行多方面的知识产权保护，还在新产品的SCM系统中，加入对产品及新业务进行发布前的知识产权评审，以便及时发现新发明、新创造，同时也能防止侵犯他人的知识产权。新设置并逐渐壮大的法务部，就是负责公司知识产权的全面管理。此部门不仅进行知识产权日常维护、知识产权许可贸易审查，还有保护专利的团队，负责对公司的技术发明进行专利发掘和国内国际保护。QQ的企鹅形象如此别出心裁，如此深入人心，无不体现着创意。为了保护创新成果，腾讯也开始实施知识产权复合保护战略，全方位地进行维权。

具体而言，有3种手段：第一种，是针对版权和商标权的。在商标保护方面，腾讯的策略是对核心商标实行全类注册保护，其核心商标无疑就是QQ和企鹅形象。马化腾说："实际上是我们的用户启发了我们，如果在创业的时候没有设计成这样一只企鹅的形象，也许就没有这个业务了。"2000年，腾讯用设计出来的企鹅卡通形象代言企业产品。针对这一卡通形象，腾讯不仅进行了版权登记，同时还进行了全类商标注册保护，甚至推出了企鹅形象的公仔，交给合作的企业独家经营。与此同时，腾讯对企业名称、公司域名、软件产品名称也进行了商标注册。第二种，是版权和商业秘密保护。对一些已经创作完成的作品，如软件代码、设计图纸等，始终以周密的商业秘密保护措施加以保护。第三种，是版权和专利保护。在专利保护方面，腾讯通过将专利管理数据库系统与专利申请项目跟踪系统连接在一起，实现了专利申请的整套电子化流程与管理。

在知识产权保护方面，腾讯学会了捍卫自己的利益；同时，QQ形象的授权还给腾讯带来了意想不到的经济利益。

这些让马化腾觉得，之前为没有版权意识所交的学费，都是值得的。在2000年的中国国际高新技术成果交易会（简称"高交会"）上，腾讯公司员工尝试做了些公仔企鹅以推广企业形象，没有想到这些公仔企鹅很受欢迎。腾讯从2000年开始开展QQ品牌及卡通形象授权业务，他们选择广州东利行实业有限公司作为Q－GEN注册商标的独家授权经销商（有效期至2008年），出售的产品包括服装、手表、玩具以及各种小饰品。其销量也给腾讯带来了不小的经济利益，可以说其他国内企业无法与之媲美。

知识产权是企业品牌的核心竞争力。截止到2006年，腾讯已经拥有60余项专利权，这个数量几乎与中国其他互联网企业专利数的总和持平。腾讯关于知识产权的开发与使用取得了骄人的成绩。

腾讯公司通过熟练掌握国内外法律规则，通过合理的商标、版权、专利布局，实现了自己品牌和技术的跨国保护。此外，知识产权通过与研发、市场、运营紧密结合，真正渗透到了公司运作的各个层面。各项知识产权不断增值，有力地帮助公司提升了市场领导地位，进而增强了企业的竞争力。

第四节　“中国合伙人”企鹅版

1. 合理分配，各得其所

创业之初，马化腾对公司未来的发展方向并不清楚，就是凭着一种感觉开始了创业之路。而这种感觉正是来自他的职业经验和5年网龄。

马化腾在接受采访时说：“从1998年开始，我就考虑独立创业，却一直没想清楚要做什么，但创业的想法并没有改变。我知道自己对着迷的事情完全有能力做好，感觉可以在寻呼与网络两大资源中找到空间。”马化腾是个崇尚团队精神的人，他认为单独走是能走得快，但是一起走才能走得更远。他更深知创业是一件很艰辛的事情，团队的支持必不可少，所以他从未独行。

前面提到，马化腾做聊天软件不是最早的。腾讯做OICQ时，国内已有两家公司在经营中文ICQ项目，比腾讯早了半年左右。时代背景相同，而且当时中外的大企业几乎都在开发即时通信软件，但是唯独QQ做得最成功，为什么？马化腾团队功不可没。

1998年11月11日，一个后来改变了国人沟通方式的公司——深圳腾讯计算机系统有限公司成立了。马化腾的母亲曾笑说："其实，我才是腾讯的第一任董事长，化腾是接我班的！""她说的没错。公司是我跑前跑后帮他们注册的，不过当时注册公司要求有退休证或待业证，他母亲刚好退休了，我们商量后就用他母亲和我妹夫的名义注册了腾讯公司。他母亲名义上拥有60%的股份，自然也就成了董事长。一直到1999年风险投资进入时，这60%的股份才完全被转让给马化腾。"马化腾的父亲也肯定地说。从中可以得知，父母是马化腾创业的后备力量，他们在马化腾团队尚无任何实力时，给了他们有力的支持。

一个人有什么样的朋友，在很大程度上决定了他的视野和境界，"物以类聚，人以群分"的道理千古不变。单纯从交友的范围来说，马化腾在业外的朋友算不上多。但从朋友对马化腾事业的帮助和支持来说，他的朋友圈十分给力，他的那些朋友和伙伴基本上都成为其成长、创业过程中的重要推动力之一。他为数不多的几个朋友圈子都为他的人生提供了很重要的契机，这让人不得不佩服马化腾的风云际会。

2013年，一部叫作《中国合伙人》的电影，在社会上引起强烈反响。正如电影里所展现的那样，中国的这一代创业人都离不开"小伙伴"们的支持。他们大多是同窗，成长经历类似，个性却并不相同。最重要的是，他们都有着一样的理想信念，在关键时刻能相互形成合力，拧成一股绳。那么父母口中所说的"他们"，除了马化腾，还有哪些人呢？

张志东，是马化腾在深圳大学的同窗。他大学毕业后继续深造，1996年取得华南理工大学计算机应用及系统架构硕士学位。硕士毕业后，张志东进入深圳黎明网络有限公司工作，负责软件和网络应用系统的研发。创业之前的张志东在电信及互联网行业拥有多年经验。

陈一丹，马化腾的中学同学，同样也毕业于深圳大学，1993年从化学系毕业后，进入深圳检验检疫局工作。在工作的时候，陈一丹不断提升自己，边工作边攻读南京大学法学院经济法硕士。作为腾讯的主要创始人之一，陈一丹后来在腾讯发挥专业特长，全面负责腾讯的行政、法律、人力资源、公益慈善基金等事宜，同时亦负责集团的管理机制、知识产权及与政府的关系。

许晨晔，同样是马化腾深圳大学时的同班同学，毕业后在一家机关单位任职。他是4个伙伴中性格最开朗的。功成名就后，他经常“抛头露面”，参加一些演讲与颁奖活动。

曾李青，唯一和马化腾不是同学关系的创始人，他们当时是通过深圳电脑协会的会长丁阿姨认识的。丁阿姨和深圳电信局的领导许文艳关系很好，经常需要深圳电信局出人出场地来帮助她。曾李青就是经常被许文艳派去帮助丁阿姨的人之一。而马化腾和张志东则经常被丁阿姨拉去帮忙。于是，他们几个人就这样认识了。

公司创立不久，只有马化腾、张志东、曾李青3个人任全职。团队一形成，他们就进行了初步的分工：马化腾负责战略和产品，张志东负责技术，曾李青负责市场。后来，许晨晔和陈一丹也加入进来。这5个年轻人并不是头脑发热就凑到了一起。他们都有网络行业和电信行业方面的工作经验，同时又有着广阔的视野和坚定的创业决心，不论是技术和经验都能相互给予支持。

当年开公司的起始资金规定是50万，这在当初是一个不小的数目，当时5个人的能力也只是勉强能拿出这个数目。他们5个人凑了50万元，其中马化腾出了23.75万元，占了47.5%的股份；张志东出了10万元，占了20%的股份；

曾李青出了6.25万元，占了12.5%的股份；其他两个人各出5万元，各占10%。可以看得出，主要资金还是由马化腾出的，而且份额占比很大。据说，当时也有人想加钱，想占更大的股份，但马化腾不同意："根据我对你能力的判断，你不适合拿更多的股份。"因为股份持有者未来的潜力要和应有的股份匹配，不匹配就要出问题。什么问题？如果拿大股的不干事，而能干事的股份又少，矛盾就会发生。

虽然主要资金由马化腾出，但他的股份在一半以下，47.5%。其实这正是马化腾的良苦用心——"要他们的总和比我多一点点，不要形成一种垄断、独裁的局面"。与此同时，他又不会放弃占最大股的地位，原因是"如果没有一个主心骨，股份大家平分，到时候肯定出问题，同样完蛋"。

在腾讯设立之初，就分配好几个"小伙伴"各自负责的领域（技术、业务、行政和信息部门）也是有所用意：各展所长，各管一摊。这样，一来各自都能发挥能力，二来各人负责的领域不一样，不会引起扯皮。

这样的人员配置，使创业团队能在维持张力的同时保持和谐。从腾讯北京地区的某高层工作人员的一篇博客文章来看，创业时期腾讯几个创始人之间也相互争吵，马化腾也有言论激烈的时候。但是根据包括曾李青在内的数名创业元老的说法，大家公认马化腾还是很能克制自己的，几个人相互之间吵归吵，但多数时候都是马化腾在起协调作用。从性格上来说，马化腾是偏温和的。而且以腾讯早期的制度设置，几个人都有发言权，意见不合是非常正常的事情。但这个制度最大的优势就在于几个人是多年的老同学，感情基础摆在那里，不可能一言不和就翻脸不认人。每个人要想说服别人，就需要把问题想得更清楚。大家彼此定位不同，对同一事件就会从不同的角度来判断，从而得以保证认识全面，这样就有利于企业的理性发展。此外，马化腾属于大股东，在关键问题上还是有更大的发言权的。

腾讯自创始之初就明确了集体领导的策略，同时马化腾自己也没有失去对整个公司的控制权。5个20多岁的年轻人，以合伙投资的50万元，怀着对未来的憧憬和对互联网的痴迷，开始了他们的创业征途。而且直到今天，5位伙伴都留在腾讯，不离不弃。

2. 知人善用，各展所长

2006年，35岁的马化腾把总裁的位置交给了另一位年轻人刘炽平。这就意味着，当年与马化腾携手创业的4位伙伴将得听这位年轻人的号令。这背后又有什么样的故事呢？

刘炽平，虽有麦肯锡和高盛背景，但在腾讯是个新人，堪称“空降兵”。在2003年腾讯上市的时候他就参与了很多腾讯内部事务，由此对腾讯的情况有了非常深刻的了解，与马化腾也成了相互欣赏的朋友。2005年年初，马化腾任命刘炽平为腾讯首席战略投资官，并且还观察了他一年多，马化腾称其“懂的东西很细，问问题的技巧很到位，得到多方认可”。做了这样的认可之后，马化腾才将总裁一职给他，并且让他只主要负责市场和销售，可以说谨慎至极。同样是任命总裁，陈天桥就是一声令下，唐骏一步到位，而之前两个人只有数面之交。常常有人拿陈天桥来反衬马化腾。有人说他们两个人一个“疾如风，侵略如火”，一个“徐如林，不动如山”，在中国互联网业内他们有着截然不同的风格。

腾讯在2005年的时候，还基本是几个创始人各管一块，但其业务变得多样化了，也更专业化了，不可能只靠几个人掌管。马化腾一直跟伙伴们强调培养下一届接班人的重要性。“我们的责任是更多地支持接班人去做，更多地在跨部门之间协调，更多地做决策，具体的事情都交给他们去做。”现在，公司有两个CTO，一个是创始人张志东，另一个是从微软空降的熊明华。9人的核心高管团队里有4人为外部空降。

一个小公司，会经历创始人与职业经理人合作或者向职业经理人转变的过程。而小公司本身也在发生更规范化、更职业化、更制度化的痛苦蜕变。如果这种蜕变成功了，那么小公司可以变成大公司；如果这种蜕变失败了，那么团队会垮掉，或者会永远失去成功的机会。

腾讯里的新人能得到很好的职位，例如核心团队里的CFO曾振国以及行政总裁网大为。马化腾认为，要搞资本运作，要跟国际大公司合作，就得靠空降兵们积累很多年的专业知识能力。“没办法，”马化腾说，“因为有些专业知识，无论怎么补课，就是到不了那个级别。指望你的提高去迎合公司的发展风险太大，所以一定要请人来替换你的功能。”“总裁就是作为CEO的继承人，我们是这样培养的。”这说明马化腾非常尊重专业知识，也善于学习，在培养新人方面并未故步自封。

马化腾的团队关系十分稳定。事实上，就像他和几个伙伴一样，绝大多数人一直都在腾讯发展，几乎没有人员变动，这在互联网界是极为少见的。腾讯公司内部的管理非常人性化，朋友之间的关系重于上下级的关系。女员工喜欢叫老板“小马哥”，男员工多叫他“Pony”。

正是有了如此和睦、稳定的团队，小马哥才能在短短几年内，在游戏、网络交易市场、搜索市场和门户网站等各个领域都做出不小的成绩，从而使腾讯成了互联网界横跨业务线最多的企业，使其变成了一个庞大的“企鹅帝国”。

第四章　开仓抢钱：香江上市成新贵

成立不久的腾讯，就遇到了互联网的冰河世纪，大量的互联网公司倒下了。在这样的背景下，腾讯企鹅是如何生存下去的呢？

马化腾深谙成功没有捷径，也做好了吃苦的心理准备，但此次遭遇的艰辛仍然是他在创业之前始料未及的。谁能料想到如今身价暴增千倍的企鹅曾经差点被贱卖？谁又能知道最后的成功之前马化腾曾历经多少次失败……

在创业初始的时候，马化腾匠心独运，把业务转向即时通信。但没有平坦的创业路，在最困难的时候，马化腾也曾陷入走投无路的困境。当时，身处窘境的马化腾想要贱卖 OICQ（QQ 的前身），却怎么也卖不出去。幸运的是，腾讯后来遇到了好的投资，避免了同无数家新生互联网企业一样走向失败的命运。成功的企业家懂得利用身边的资源，更懂得金融。几次在危难之中获得融资，置之死地而后生的腾讯，在香港上市之后，成为一枝独秀，市值不断攀升！这是马化腾的运气，更是马化腾的独到眼光。

第一节　潜龙勿用：创业之初的艰辛

1. 创业辛酸，穷到极处险些贱卖 OICQ

“潜龙勿用”，出自《易经》第一卦——乾卦的象辞，隐喻事物在发展之初，虽然势头较好，但比较弱小，所以应该小心谨慎，不可轻动。创业就是如此，在潜伏时期还不能大刀阔斧，必须坚持信念，隐忍待机，如龙潜深渊，要藏锋守拙，不可轻举妄动。

马化腾在创业初期就很好地把握了潜龙勿用的精髓。公司最初的启动资金就是几个年轻人辛苦挣来的血汗钱。不过比起许多白手起家的前辈，他们的基础还算不错。尤其是马化腾，在当时就已经是百万富翁了。但是他们的启动资金确实不算非常雄厚，只能作为一个起步。因此，他们创业的道路依然不明朗。

腾讯刚成立的时候，马化腾并没有非常大的构想和野心，他想的只是利用几年在寻呼业工作的经验，把寻呼与网络联系起来，开发无线网络寻呼系统。注册公司之后，马化腾在深圳电信局的一个朋友帮他们找了办公场地——深圳赛格科技园里一间几十平方米的小厂房，是免租金的。这位朋友还为他们联系了托管服务器。公司一创立只有马化腾和张志东两个全职人员，马化腾经常睡沙发、吃盒饭。曾李青、许晨晔、陈一丹作为股东，没有辞职，只是在空闲时过来帮忙。

等到合作伙伴都辞职投到公司来，腾讯也只有不到10个员工，是个名副其实的小公司。它的主要业务是为深圳电信、深圳联通和一些寻呼台做项目。但是，当时的深圳有上百家像腾讯这样的小公司，为了让公司在竞争激烈的市场环境下生存下来，腾讯的业务范围可谓四处开花，做网页，做系统集成，做程序设计。所幸的是，腾讯的几个创始人都曾在深圳电信、网络界有多年的从业经验，几乎是深圳第一批搞互联网的人，各有所长，技术上的问题不在话下。

技术并不是企业的全部。刚开始的时候马化腾他们不懂市场，更不懂市场运作。他们把腾讯的产品拿出去向运营商推销，经常被拒之门外。腾讯公司后来的员工对老大哥们总是佩服有加，他们说："当初创业者们有很强的承受失败的能力。"马化腾回忆这段往事时说："（运营商）甚至连见都不愿见我们。"他们经常"感觉挺挫折"。但是这些困难都没有把他们击垮，每一次失败以后，他们都不断地互相鼓励："经过很多次的不断尝试后，总会有用户接受我们。"

等到腾讯有余力开发 OICQ 之后，OICQ 也只是公司的一个并没有十分大的把握的尝试。因为在当时的网络环境下，自己经营网站不但不能赚钱，还要往里贴进很多钱去。有一个传闻说，当年马化腾在润迅时期就向高层提出过开发类似 OICQ 软件的提议，但是没有得到任何重视。因为在互联网没有收费业务的时代，他们看不到这个小东西有什么前景。据润迅一个中层干部透露："在当时的讨论中，有人说：'这东西究竟是收钱还是不收钱？如果不收钱，我做它干什么？'"正是由于当年的互联网行业几乎没有收费的业务，所以马化腾想破了脑袋，想到的唯一的收费途径还是将寻呼与网络联系起来，开发无线网络寻呼系统，让电信和寻呼台帮着去收费。

早期 OICQ 用户能在短短 1 年时间内增长到 500 万，正是因为它是免费的，可谓是用户的福利。而这一"利众不利己"的服务背后，在缺乏可借鉴的赢利手段的情况下，腾讯这个小公司不堪重负。说白了，随着用户的增加，腾讯所需要的服务器数量不停增长。而服务器是要花钱的，甚至腾讯一度人为阻止了用户注册 OICQ。

对当时的腾讯来说，用户多不仅不代表利润多，反而是赔钱多。随着用户大量增加，服务器压力增大，几乎每天都要增加 2 台服务器。用户少的时候，马化腾还曾蹭过别人的服务器。"我们到处去蹭人家的服务器用，最开始，我们只能买1台普通PC机，放到有宽带条件的机房里，然后把程序偷偷放到别人的服务器里，就这样紧紧巴巴地过日子。”马化腾回忆道，“创业第一年里，我们一直喂不饱那只小企鹅，不知道什么赚钱模式。那个时候时间过得特别快，一眨眼，1个月就过去了，你又要给员工发钱了，这是最头疼的日子。”最艰难的时候，腾讯公司账上只有1万多元。更夸张的时候，马化腾组织员工跑到香港去搞便宜的笔记本电脑，倒腾回来，高价卖给内地，赚点差价。

腾讯CTO熊明华曾经说过：“马化腾和我开玩笑说，腾讯在最困难的时候，最怕的是周末。为什么呢？因为公司那时租了一个房子，要交水电费，周末几个创始人肯定是要加班的，但是机房开着就会耗电，夏天有几个月还必须要开空调，他说最苦恼的是到了周末不知道该怎么办。”眼看着本来就不多的资金越来越少，OICQ一直在烧钱，就像公司的一个累赘，工资都快发不出来了，在这种情况下，没有人有可能看好OICQ。理想必须向现实低头，很多人都劝马化腾卖掉OICQ，马化腾也对坚持发展OICQ失去了信心，希望一些大公司能买下他们的软件，以解燃眉之急。

“那时候我们觉得养不起就干脆卖掉吧，”马化腾回忆道，“但是卖OICQ时我们碰到了麻烦。我跟许多ICP公司谈，他们都要求独家买断，价钱也不高。”当时，中文即时通信项目逐渐引起了人们的关注，中国电信广州公司就准备上一个这样的项目。马化腾在广州电信信息港看到了招标信息，赶紧制作了标书投标。他是想仿照网易卖免费电子邮箱系统，帮电信部门做一套有一定用户数量的系统。虽然当时腾讯公司的报价只有300多万，结果还是让另一个公司中标了。不得不说，当时腾讯公司的实力在竞争者中并没有优势。马化腾后来回忆道：“像邮局、银行系统，它们经常会投入一两千万去做一些项目，我们也想接这些单，当时联系了一些公司和单位，他们都有意上这个项目（指中文ICQ），我们也都写了项目建议书。”

“现在回过头来看，这反而是件好事。如果当时我们中标的话，那现在这个软件就已经不属于我们了。当时我们报的价是300多万。由于当时软件已经接近开发成功，大家一致同意把它完成，大不了自己经营，当时我们想的就这么简单。”当时的失败对腾讯团队来说是一个打击，但后来马化腾回想起来觉得很庆幸，不然OICQ的版权早就是中国电信的了。

腾讯能报出300多万的价格，不得不说是“贱卖”。这也说明，当时的腾讯公司已经走到了极其困难的地步。如果不是这样，他们也不会想到贱卖OICQ，要知道OICQ是当时几个创业伙伴因对未来互联网抱有很高期望从而投入此领域而开发的一款软件。当时广东电信的高管也说，腾讯最困难的时候，马化腾和曾李青来到21CN找他，希望21CN能收购OICQ，当时报价是300万元人民币。但是21CN看不清OICQ赢利的方向，还是放弃了。当时卖OICQ的时候很多拟购公司都是马化腾的老朋友丁磊帮忙联系的，马化腾甚至希望丁磊买下来，可是连丁磊也不看好OICQ，觉得它没什么前途。

“卖OICQ的时候，我心情非常复杂，毕竟它是我自己养大的。一连谈了好几家公司，最高的一家只出到60万，没有达到我们100万的底线，最后，我们决定留下OICQ自己养。”马化腾说，“现在有点庆幸当初没有贸然行事。要在互联网上掘金就不能只看到眼前利益。许多很有才华的网络人才往往没有注意这一点从而失去了长远机会。”也许正是冥冥之中命运的安排，一再的“兜售”失败让他们只能继续坚持下去，也间接造就了后来的腾讯。

2. 险中得救：二次融资的曲折历程

转眼间，就到了1999年下半年。说来凑巧，这个时间外国风险投资正在国内向网络公司注入大把资金。8848的总裁王峻就融到了200万美元种子基金；1999年7月14日，中华网在纳斯达克独立上市成功，首次公募9600万美元，成为第一家在纳斯达克上市的中国互联网公司；新浪网则获得了包括高盛银行在内的海外风险投资2500万美金。

于是，腾讯的几个创始人一合计，决定出让部分股份，进行融资。1999年10月，腾讯开始寻找风投。当时曾李青写了一份商业计划书，评估腾讯公司价值为550万美金，计划融资220万美金，出让40%的股份，5个创始人控股60%。他们当时做这样的设计，主要是因为他们需要220万美金来购买服务器与带宽。OICQ当时没有取得盈利，除了用户数量什么都没有，所以几位创始人对OICQ的赢利模式也把握不准，只是提到网络广告、会员费等，并没有想到后来赚钱的游戏、QQ秀、短信等新产物。

1999年11月，深圳举办第一届高交会。马化腾也曾带着多个版本的商业计划书，在会上向许多投资人解释他们的产品。可惜当时的投资人思维仍然很传统，他们既听不懂也看不到OICQ软件的价值。对方公司“不理解腾讯技术和无形资产的价值”，表示只能按腾讯“有多少台电脑、多少个桌椅板凳来买”。马化腾也去找过中华网、新浪这些当时的互联网大佬，还找过联想投资筹备小组，却无一例外都被拒绝了，对方甚至说完全看不懂他们的报告写的是什么。

当时马化腾能想到的投资渠道能找的都找遍了。有一天，马化腾无意中提起了两个公司，“IDG和PCCW（香港电讯盈科公司）也不知道怎么样了”，就是这句话提醒了曾李青。

今天的曾李青已经是中国最具号召力的天使投资人之一，但在当时，他并没有什么融资渠道，他的渠道也只是自己的私人关系。说到IDG，他想到了朋友刘晓松。刘晓松和腾讯几个创始人的关系都不错：和张志东是黎明电脑公司的同事，他帮深圳电信做系统集成项目时曾李青帮过他的忙；甚至腾讯从50万增资扩股到100万时，曾李青入股的股份钱也是找刘晓松借的。

幸运的是，刘晓松对腾讯公司非常看好，他积极地向IDG推荐了这家新公司。后来，在曾李青的朋友——在香港从事通信行业的林建男的推荐下，电讯盈科对腾讯也非常看好。

IDG的林栋梁后来提到，他问马化腾："你觉得你的核心价值是什么？"马化腾回答，以色列的ICQ卖了几亿美元，它有多少多少用户，OICQ现在有多少多少用户，所以OICQ就值多少多少钱。林栋梁后来回忆说，他就是因为马化腾的这句话投资腾讯的。其实，吸引IDG的未必是马化腾那本修改过多次的商业计划书，而是当时ICQ以2.87亿美金卖给美国在线的故事在业界广为传播。OICQ作为ICQ的汉化版本必然有它值钱的地方。

马化腾说："他们是互相壮胆一起进的，给了OICQ 220万美元，分别占公司20%的股份。OICQ发展到2000万用户时，这笔钱还没用完。"

2000年上半年，腾讯进行了第一期的融资。当时IDG和电讯盈科两家投资商，各投110万美元，并各占20%的股份，马化腾和他的创业团队保留了60%的股份。就这样，腾讯拿到了救命钱，同时又没有失掉控股权，马化腾的开心心情可想而知。这笔钱救了OICQ一命。根据国外数据公司的统计，能够获得投资的互联网项目比例不到1‰，只有0.8‰。从这个角度来说，腾讯是非常幸运的。据说，拿到融资后，马化腾做的第一件事情就是给公司买了20万兆的高性能IBM服务器，"当时放在桌上，心里别提有多美了。"马化腾后来对媒体说。不仅仅如此，腾讯同时还加大了对OICQ软件的开发和改进工作，很快拉开了OICQ与其他同类产品的差距。

到了2000年5月，OICQ突破10万用户，马化腾托网友在某个新闻网发了篇宣传文章。很快《人民日报》下的人民网转了这篇文章，马化腾很高兴，在内部逢人就说自己公司上《人民日报》了。其实，只是人民网而已。腾讯公司也为此组织全体员工到深圳附近的光明农场去滑草庆祝。

有了这笔钱，腾讯暂时没有了生死存亡的忧虑。但是，OICQ的注册人数仍然在继续疯狂地增长，此时的腾讯却仍然没有找到自己的赢利模式。

2000年下半年，是互联网行业的寒冬之季，纳斯达克指数一直在下滑。此时，刚刚融到救命钱的马化腾很快又面临着另一个危机。当时整个互联网行业可以说是天寒地冻，虽然融来了220万美金，但当时基本没什么收入。OICQ的用户依然在疯涨，这笔钱很快就要被花光，腾讯的创业团队需要第二笔资金供腾讯“过冬”。

显然，IDG和电讯盈科此时都不愿意为腾讯疯狂增长的用户埋单。两家股东中，IDG找人接盘的积极性要高一些，他们在不断地为腾讯寻找下家。“找过搜狐、新浪，他们都没看上眼。”新浪的汪延来深圳的时候被锁在曾李青的办公室里。当时在搜狐任职的古永锵都来腾讯看过一眼。2001年春天，马化腾自己又去新浪见了王志东和汪延。他甚至还托人将投资案子递交给联想。这些却都没有了下文。

而电讯盈科则态度很暧昧，他们有时表现得想要跟进，有时又表示还要等等。事实上，当时电讯盈科本身有其他的投资项目，现金不足，同时他们也一直在评估腾讯的价值。他们甚至想过将腾讯的用户和当时传统的电影行业相结合。据说，当初电讯盈科还有一个用4500万收购腾讯的协议，但是因草拟协议的人员被开除又落空。电讯盈科还将腾讯推荐给当时的TOM集团，最终还是没有结果。

“要说煎熬，我创业最煎熬的就是这段时间。我不喜欢拖延，可当时电讯盈科不说买也不说卖，就把我们晾在一边。等到最后终于定下来出售已经是2001年6月，那时候纳斯达克已经快崩盘了。”毫无疑问，那段时间对马化腾来说确实是人生中煎熬的时刻。据一位腾讯的创始员工说，有一天一早去找马化腾签字，发现他是在办公室里过夜的。当时的马化腾头发蓬乱，脸色焦黄，两眼无神，布满血丝，神情极其憔悴。可见当时马化腾和腾讯所遭遇的简直就是绝境。

外部环境恶劣，找不到新的投资，OICQ用户却还在疯狂增长，马化腾的压力可想而知。

到2001年年中，腾讯的新增注册用户数更是达到每天90万人以上，使腾讯公司不堪重负。在这种状况下，IDG选择了转身离去。

山重水复疑无路，柳暗花明又一村。在最绝望的时候，马化腾遇到了另一个救星——网大为。他是一个黄头发、蓝眼睛的西方人，“网大为”只是他的中文名字。他是个中国话说得很利索，也通晓中国国情的中国通。他当时的身份是MIH中国业务发展副总裁，负责中国的互联网策略和合并与收购工作。而在MIH任职之前，网大为先生曾担任IT业管理顾问的角色。2001年6月，最终MIH接手了电讯盈科的全部股份和IDG12.8%的股份。根据MIH的财务报告，这一收购共花费了3200万美元。其中MIH向电讯盈科支付了1260万美金。腾讯2004年6月在香港上市前，MIH与腾讯创始团队一起平分了IDG剩下的7.2%的股份，从而形成腾讯创始团队和MIH各持约一半股份的局面。对于电讯盈科和IDG来说，当初的110万美金投资在一年多的时间里翻了10倍有余，在当时可以说是大赚了一笔。可是现在回想起来，恐怕他们只会对这个决定追悔莫及。

3. 香江上市成新贵

2004年6月16日是值得腾讯骄傲的时刻。在香港主板上，股票代号为700.HK的新股正式亮相，全称为“腾讯控股有限公司”的股市新军，带着第一家连续12季度赢利的中国互联网公司的殊荣在股票市场上稳步前行。

上市，是许多中国公司发展计划中的一个必然步骤，同时也反映了许多中国企业急需资金的现状。此时，把产品改名为“QQ”的腾讯已经不缺钱了，而从公司走向规范化、国际化的角度来说，上市也早已提上议程。上市，一方面可以吸收更多的资本来拓展新业务，壮大公司的实力；另一方面可以优化公司管理结构。

当时互联网公司非常流行期权激励。2001年8月的某一天，陈一丹在腾讯的员工会议上发给每个人一个信封，里面都有一张纸，上面写着——腾讯在未来的一天要上市，这是大家的期权，每个人交一港元。

2003年6月，快速发展的腾讯公司引起了时任高盛亚洲投资银行部电信、媒体与科技行业的首席运营官刘炽平的注意，他对腾讯的前景很感兴趣。但是他对网络并不了解。为了加深对QQ的了解，他和几个人到各大一线城市的网吧去考察，QQ在各大网吧里的火热流行程度给他留下了深刻印象。而后，他又找当时腾讯最大的合作伙伴中国移动了解情况。正是这一次了解，坚定了刘炽平对腾讯的信心。

当时是腾讯的什么带给刘炽平信心的呢？在互联网赢利模式还不清晰的时代，腾讯是如何开辟新模式的呢？

事实上，腾讯的这一赢利模式起步于2000年8月。腾讯公司和广东移动草签了合作协议，通过网络与移动的互通，使QQ用户能和广东地区的移动用户通过移动QQ和手机短信，随时随地实现信息互通。一年后，当中国互联网如火如荼地展开“短信大战”时，腾讯已经悄然占领了短信市场的半壁江山。同时，QQ的信息窗口上开始出现banner广告。随后，腾讯的广告量处于不断的增长当中。截止到2000年年底，广告给腾讯带来了150万元的收入，并且其增长一直很稳定。

QQ广告的价值，正是来自其客户的价值。当QQ拥有几百万用户时，“小banner广告曝光量非常惊人，”马化腾说，“曝光量每天达到4亿次，周末可达5亿次，收费是每月9万元。”在当时，每月9万元的广告费，价位是非常低的，这也是当年互联网的赢利模式还没被完全开发出来的原因。此外，腾讯开始探索新的赢利模式——会员制。当时腾讯的会员只有几千，会员费则是每年

100~200元，这笔收入并不算很大。马化腾分析其中的原因，认为："一个原因是原先承诺的功能还未推出。另一个原因就是中国电子商务的瓶颈，会费只能汇款或者一卡通划账，相信大多数网友不乐意为了每月20元往邮局跑。"他还总结道："金融手段缺乏是中国网络很难赚钱的原因。"

到2001年年底，腾讯实现了1022万元人民币的纯利润；2002年腾讯的净利润是1.44亿元，比上一年增长了10倍多；2003年，腾讯的净利润为3.38亿元，比2002年又翻了近1倍；2004年更是实现了营业额11.44亿元，同比上升55.59%，实现净利润4.46亿元，同比大增38.6%。

根据腾讯公司的报告，仅2001年3月，腾讯的移动QQ手机短信发送总量就达3000多万条，占整个"移动梦网计划"开始以来总业务量的一半以上。2003年，腾讯获得中国移动颁发的"短信业务合作伙伴最佳业绩奖"。腾讯的招股书显示，2004年3月31日，腾讯的注册用户为2.913亿。在2004年3月15—31日的17天内，QQ同时在线人数达到最高——610万，每天平均发送短信8.488亿条，每天平均在线时间6470万小时。

正是这些，让刘炽平认定腾讯是一匹黑马。不过，上市地点在腾讯内部引起了强烈的讨论："承销顾问里，6家公司建议在香港，4家公司建议在纳斯达克，3家建议两边同时上，搞得我头都大了。香港上市公司的平均市盈率比美国低，如果我是香港的龙头股呢？"最后腾讯还是决定在香港上市，聘请高盛亚洲做腾讯上市的全球协调行、簿记行、牵头经办行兼保荐人。

2004年4月，腾讯向香港联合交易所递交了上市申请，招股价是每股2.77~3.70港元。其中，发售的股份为25%，大部分做国际配售，大约10%的购买权利给予了香港的公众。

2004年6月7日，腾讯控股有限公司（700.HK）在中国香港正式公开招股，以每股3.70港元的价格发售了4.202亿股，募集资金达15.5亿港元。

2004年6月16日，腾讯在香港联交所主板上市，上市简称为“腾讯控股”，股票代码为700.HK。

这一天，马化腾、张志东、许晨晔、陈一丹、曾李青、曾振国西装革履，兴奋不已，站在香港联交所的大厅中央，看着屏幕上闪烁的一行字：“恭贺腾讯控股有限公司于香港联交所上市”。

腾讯正式挂牌上市后，开市升至4.375港元，比招股价3.7港元上升了18.24%，最高4.625港元，较招股价上升25%，当天共成交19.47亿港元。

腾讯一经上市造就了5个亿万富翁，7个千万富翁。5位创始人股份共有30.73%。其中马化腾因持有14.43%的股权，账面财富是8.98亿港元，马化腾才33岁；张志东拥有6.43%的股权，账面财富为4亿港元；另外3位高层曾李青、许晨晔、陈一丹共持有9.87%的股权，合约6.14亿港元。

腾讯的其他7位自然人股东持有另外6.77%的股权，即4.22亿港元，这7个人是千万富翁。腾讯员工手里的期权一夜之间翻了数倍。

腾讯最大的股东MIH集团收获最大，MIH的股份为37.5%，市值高达23.33亿港元。假设当初IDG和电讯盈科持有的股份都没卖出，两家公司的投资收益将会高达70倍。

2011年1月20日，腾讯股价再创新高，收盘价达到195.5港元，公司市值达3590亿港元。香港联交所数据显示，马化腾持有腾讯的长仓股份，约占公司股份的11.52%，即使不计马化腾其他收入，马化腾个人财富也超过了420亿元人民币。

2012年9月14日，腾讯股价再创历史新高，总市值达3832.12亿元人民币。2013年，腾讯市值则一度暴涨到6100亿元人民币。

在整个2013年当中，腾讯的股价上涨了92%。马化腾的财富净值暴增至130亿美元，这时他才42岁，是内地富豪榜里最年轻的一位。虽然2014年，阿里上市后市值更高，但腾讯正处在新的蓄势待发阶段，二者共同构建了互联网巨头市值的双强格局。

第二节　资本暗战：强者如林，鹿死谁手？

1. 盛大吞并新浪

股东权益计划，又名“毒丸计划”，意思是你不可能在购买过多股票的同时确保股权不被稀释。它是防止第三方在没有正式通知董事会和股东的情况下，通过公开市场购股获得公司控股权的一种普遍做法。超过半数的标普500公司都采用了股东权益计划。

所谓“毒丸”，又叫“股权摊薄反收购措施”。在美国等国家，这是一种非常受欢迎的反收购措施。最常见的“毒丸”是，一旦未经认可的一方收购了目标公司一大笔股份（一般是10%~20%），“毒丸”就会启动，被收购公司就会向公司其他股东以低价发行新股，这就使被收购方的股权大大稀释，从而使收购变得代价高昂。

2005年，毒丸计划就与盛大收购新浪这一热门事件相关。甚至有媒体用了“新浪吞‘毒丸’自卫反击，欲与盛大‘同归于尽’”这样的标题。当时的盛大已经成功在美国上市，陈天桥也毫不掩饰自己的野心。2005年1月12日—2月10日，陈天桥耗资2.304亿美元，从二级市场上收购了新浪19.5%的股权。新浪网发行股数为5047.8万股，按陈天桥收购19.5%计算，其手中持股已达983.3万股，每股收购价大约为23.43美元。该次收购耗资规模创下了中国互联网的纪录。

美国资本市场对这一传言也反应强烈，从2月18日23时起，新浪股价开始大幅拉升，最高曾摸高26.54美元。新浪股票最终报收于25.60美元，较前一交易日上涨了2.42美元，涨幅达到10.44%。而盛大当日收盘时报收在30.01美元，较前一交易日上涨0.46美元，微涨1.56%。

对于门户，觊觎已久的盛大在与新浪就价格问题始终无法谈拢的情况下，便由着中国顶级职业经理人唐骏带领团队通过在二级市场的购股行为而达到目的，这让业内感到震惊。

从唐骏的角度看，这次收购是一次非常有价值的战略性投资。“收购新浪对盛大而言是一个策略性投资行为。盛大做事一贯的风格就是有理有利有节，而且盛大收购新浪后会本着友好合作的精神来操作有关事宜。”但是新浪对陈天桥的“友好”并不领情，并发表公开声明表示陈天桥即使有股份也无控制权。于是盛大的律师所合伙人表示：“有无控制权是看盛大对董事会的控制，而盛大何时以及如何进入董事会，取决于新浪的公司章程。”

遭到盛大强行入股的新浪，在经过4天的筹备之后，终于抛出了一份“股东权益计划”（即“毒丸计划”），基本上扼杀了盛大进一步增持新浪股票进而收购、控制新浪的企图。根据新浪董事会的“毒丸计划”，记录在册的每位股东，均将按其所持的每股普通股而获得一份等量的购股权。不过，只有在某个人或某个团体获得10%及以上的新浪普通股，或是达成对新浪的收购协议时，该购股权才可以行使，从而购买等量的额外普通股。这意味着盛大斥资2.3亿美元购入的新浪股票，将在“毒丸计划”抛出之际迅速贬值。该计划规定盛大只能再购买不超过0.5%的新浪普通股，假如超过0.5%，新浪的其他股东将有权以半价购买新浪公司的普通股。这样一来，等于彻底将盛大继续增持新浪股票的可能性扼杀掉了，从而继续维持新浪的独立地位。

由于实施“毒丸计划”，新浪稀释了自己的股份，自身也受到了损害。有专家分析，这是新浪为了维护股东利益，更好地为股东服务所采取的办法，这是当时最好的手段。但在盛大和新浪的10大持股机构中，已有3家持有双方股份，共持有16.41%的新浪股份。对于原来没有一个股东持有超过10%股票的新浪来说，这3个持股机构加上盛大已经收购的股份，无疑已经是新浪中具有绝对优势的股东。这3家持股机构是否会增资以摊薄新浪股份，对抗盛大，将决定新浪的抵抗是否会有成效。

就这样，整个收购在新浪与盛大的口水战中变得扑朔迷离。这次事件却为所有的门户敲响了警钟，显而易见的例子便是搜狐闻风而动地在纳斯达克市场上开始了它的第三次回购计划。由于搜狐回购与盛大吃进新浪股票基本同步，因此搜狐以此否认其回购行为与盛大入股新浪一事有关。

2. 腾讯被收购危机：股价疯涨

盛大“突袭”新浪所释放的冲击波，震动着中国互联网行业。从2005年3月的第二个星期开始，腾讯也出现了异动。周一，在香港上市的腾讯，股票交易出现异常波动。当天，其以4.975港元开盘，很快便突破5港元的心理阻力位，并一路放量飙升，盘中最高价达到5.4港元，收盘价为5.35港元，涨幅为8.5%，全天成交金额约2亿港元，较平时成交金额增大近10倍！

盛大收购新浪的消息，对中国网络股的股价无疑是利好。然而，无论此事结果如何，中国的网络行业将出现新一轮整合与并购。据报道，盛大内部人士此前曾表示，盛大接下来很可能收购腾讯。因为新浪被盛大收购时，其股票交易也出现过异动。因此此次腾讯股价的变动引起了人们的好奇，好奇腾讯是不是也处于被收购的危机当中。

腾讯方面就此事进行了说明。腾讯方面表示，虽然知道了公司的股票成交量在上升，但是并不知道导致成交量上升的任何原因。而且特别值得注意的是，腾讯称，目前并无任何有关收购或变卖的商谈或协议，需要根据有关上市规则予以公开的；公司董事会也不知道有任何足以或可能影响股票价格的事情，须予以公开的。受到该声明影响，腾讯股价小幅回落，收于5.25港元，较周一下跌0.1港元，全天成交金额近3000万港元。

聪明的马化腾不可能感觉不到这其中的怪异。如果盛大真的开始收购腾讯，以马化腾的持股数很可能会失去对腾讯的控制权。因此，腾讯的第一次回购股票显得颇为无奈。

香港联交所资料显示，腾讯控股（700.HK）主席马化腾于2005年7月12—14日共减持1000万股腾讯控股，占已发行股本的0.57%，每股售价为6.2~6.231港元，套现约6210万港元，马化腾现持股13.11%。此消息一出，腾讯的股价应声而跌，连续3个交易日下跌。一些证券机构据此调低了对腾讯赢利的预测。

然而，2005年8月24日下午，腾讯控股（700.HK）在公布了其2005年中期业绩提升30%后，带动午后股价上升了将近5%，达7.4港元，收盘报收7.20港元，上升2.128%，成交量达3940万，增长了30.04%，每股赢利0.161港元。2006年腾讯的股票100%地往上涨，1000万股，到2006年年底价值1个多亿。如果套现是为了赚钱，这一次小马哥可是吃了大亏。为什么在一片利好消息下，马化腾还要出售股票套现呢？他套现的目的究竟是为了什么？

2005年2月10—17日，搜狐1周内回购了88万余股普通股股票，相当于吸收了6%的股权。张朝阳自己也回购了80万股股票。雅虎公司也宣布在未来5年内将总计回购价值30亿美元的公司股票。

继搜狐、雅虎等互联网巨头宣布回购股票后，在2005年4月27日召开的股东大会上，腾讯股东授予董事会一般性授权，回购不超过177217560股公司股份。腾讯发行的普通股总数约为17.7亿股，1.77亿股即为10%。从2005年该次股东大会到2006年5月23日期间，腾讯约以4520万美元于市场上回购了3260万股股份。

其中从2005年12月28日到2006年2月15日，腾讯几乎每个交易日都在回购，共22次，最大规模的一天是2006年1月25日，花了3549万港元。

腾讯董事会于2006年3月22日通过决议，公司拟根据2005年4月27日股东大会授予的一般性授权及上市规则，于市场上再回购款额最高达3000万美元的公司股份。

从2004年开始，腾讯控股的业绩一直呈现稳步上升的良好态势，股价也在节节攀升。从自身业绩和整个香港市场的大环境而言，腾讯完全没有靠回购来提升股价的必要。腾讯自身的回购计划却不断把股价推高，使得其市值已经攀升到好几个在美国上市的中国互联网公司的价值总和的程度。腾讯的这步棋的确让很多人摸不着头脑，它这么做究竟是为什么？业界人士分析有四种可能性：一、腾讯认为自己的股价仍然被低估了，把回购作为一种投资方式。但综合种种因素，这种可能性并不大。二、腾讯需要维持某个特定的持股比例。三、腾讯需要维持一个较高的总市值，以便在收购或被收购及上市等活动当中占据有利地位。四、只是因为钱太多了，可以提升股东价值。

无论是哪种可能，腾讯这一招都绝没有表面看来那么简单，但有一点是明确的，那就是回购无疑巩固了腾讯的几个创始股东的控制权。

3. 腾讯市值 = 新浪 + 搜狐 + 盛大 +TOM

2006年9月12日，腾讯的CTO熊明华表示，腾讯已经是中国最大的互联网公司，腾讯现在的市值是40亿美金，等于“新浪 + 搜狐 + 盛大 +TOM”。对此，他表示：“今年（2006年）是腾讯在各方面快速成长的一个阶段，这个历史过程是通过前几年的积累完成的，积累过程中有一个很重要的成分就是创新。”

当年的股市上，腾讯差不多是涨了100%，而TOM下跌了40%，百度、网易、盛大、新浪都只有比较小的变化。

早在2006年1月，在境外上市的中国概念股就有了惊人的变化：腾讯在香港联交所的市值突破300亿港元，一举超过当时的网易在美国纳斯达克的市值。而在2005年，网易一直是中国互联网概念股的“一哥”，其市值在2005年超过了2004年的“盟主”新浪和盛大。

要清楚谁在引领中国互联网的风骚，最直观的指标是看中国互联网公司的市值。2006年11月10日，腾讯控股的股价一度冲至22.40港元，以此计算，腾讯控股总市值折合美元已达50.68亿，成为第一家市值超过50亿美元的中国互联网公司。11月10日收盘，腾讯控股股价最终收于21.40港元，总市值跌回50亿美元以下，约48.42亿美元。而在腾讯实施回购计划前，腾讯的股价为5港元，约为回购后2006年12月29日股价27.20港元的1/5。截止到2006年11月10日，中国互联网公司总市值超过10亿美元的共有6家，除腾讯外，还有百度、网易、携程、新浪、盛大。其中百度的市值在30亿美元以上，其他4家的市值则在10亿~20亿美元。

排名第二的百度，市值约为37亿美元，与腾讯有不小的差距。百度2005年在美国刚上市的时候，虽然股价一路疯涨，达到39.58亿美元，并成为当时市值最高的互联网公司，但这个纪录还是在2006年被腾讯打破。

曾经在2005年独领风骚的网易市值约为24亿美元，甚至排在分众传媒36亿美元的市值之后，在中国互联网概念股的市值排名中名列第四。

第三节　企鹅背后的“伯乐”：MIH

2000年科技网络股泡沫破了以后，腾讯控股却一枝独秀，股价扶摇直上。在对微信业务会带来新的盈利增长点的强烈预期下，2012年腾讯控股全年涨幅近60%。到2013年，腾讯控股的股价从最初发行时的3.7港元，上涨至在400港元左右浮动，是发行价的近百倍，总市值超过6000亿港元。

腾讯的成长伴随着中国互联网的发展，可爱的小企鹅改变了人们的沟通交流方式，影响了一代人的生活。腾讯抓住互联网的发展良机，在中国互联网使用人数不断增长的情况下，实现了市值的百倍增长。

如果说中国成就了腾讯，那么，腾讯又让谁最赚呢？那就是坚定不移持有腾讯股票的原始大股东——南非传媒大亨 MIH 米拉德国际控股集团公司，其14年获利超过1000倍！

MIH 集团，真正关心互联网的中国用户应该对这个名字不陌生。2001—2002年，可以说是互联网产业最低迷的时候，MIH 先后从电讯盈科、IDG 和腾讯主要创始人手中购得腾讯45.5% 的股权，成为腾讯最大的单一股东，也成为MIH 集团在海外迄今最成功的一笔投资。目前，MIH 持有的腾讯股权为33.78%（数据摘自腾讯公司公布的截至2014年4月30日的股份信息），价值数百亿美元。

MIH 公司是在美国纳斯达克和荷兰阿姆斯特丹股票交易市场上市的公司，主要从事以下3方面的业务：

电视平台：该集团提供地区性的有线电视网络、卫星电视和其他付费电视服务，公司已经拥有超过200万户的使用者分布在非洲、地中海地区和亚洲（拥有泰国的 UBC 集团）；

技术平台：通过 Mindport 强大的技术力量，该集团提供技术管理、有线网的接入、互动电视（控制性地拥有美国的 OpenTV）和其他相关服务，使该公司成为全球性的电子媒体公司；

互联网平台：该集团向非洲、泰国和中国的主要互联网企业投资，拥有非洲 M - Web 公司16.8% 的股份。M - Web 在开普敦的股票市场上市，是南非在线服务和内容提供的领导网站。同时，MIH 还拓展了在其他非洲国家的网络业务，包括纳米比亚、赞比亚和博茨瓦纳等。MIH 拥有泰国 M - Web 95% 的股份，同时还拥有一些泰国的著名内容网站。

该集团旗下的资产包括付费电视业务、传统平面媒体业务、互联网业务和技术产品。除了投资腾讯，MIH 还持有北青传媒 10% 的股份、体坛传媒 30% 的股份。

早在 2001 年，网易、搜狐和新浪都传出过收购腾讯的传闻。按照 2001 年 6 月电讯盈科出售 QQ 股份的价格计算，腾讯公司的市值是 5000 万美元左右——这个价格基本上是跟三大门户网站比肩的。当时，多方都在担心马化腾这次融资，会放弃自己对腾讯的控制。对此，马化腾当时说过，“目前外资投资者中的 MIH 并没有控股腾讯，投资公司也不介入腾讯的运营，公司的管理和发展方向并没有因投资者的正常资本运作而发生变化。另一方面，作为策略投资者，MIH 及其投资的企业与腾讯公司一直保持着紧密的业务合作关系。”

QQ 的品牌渗透能力和影响力在国内市场无可匹敌，已经处于行业垄断地位。而 MIH 是一家当时年营业额约 2.5 亿美元、市值约 40 多亿美元的传媒巨头，掌握了与深圳腾讯相当的股权。

在 2003 年腾讯发行 4.2 亿股公众股后，12 个自然人和 MIH 所占腾讯控股的比例均从约占一半减少到 37.50%，几经周折后，马化腾持股 10.22%，主要创始人张志东持有 6.12%。张志东于 2013 年 6 月 17 日减持 25 万股，套现 7587.925 万港币后持股 6500 万股，占比 3.51%。

目前，腾讯的最大股东——南非传媒巨头 Naspers 通过其全资拥有的离岸公司 MIH 持有腾讯 33.93% 的股权。以 2013 年 8 月 22 日市价 360 港元计算，腾讯的总市值高达 6690 亿港元，MIH 所持股票市值为 2269 亿港元！

根据 2001 年 MIH 的财务报告，其 2001 年 6 月收购腾讯 45.5% 的股权时共花了 3200 万美元，约合 1.95 亿港元。按此计算，MIH12 年大赚超过 1000 倍！

腾讯掌门人马化腾的身价也水涨船高。香港联交所数据显示，马化腾家族控制的 Advance Data Services Limited 目前持有腾讯控股 1.8983 亿股，占腾讯控股总股本的10.22%。以2013年8月22日市价360港元计算，马化腾家族身价达683亿港元，但仍不及MIH所持股票市值的1/3。

福布斯2014年全球富豪榜3月4日发榜，马化腾跃居中国大陆富豪次席，自2008年首次入围福布斯全球富豪榜以来，马化腾在6年的时间里，个人财富增长了8.57倍。而在胡润2014年全球富豪榜中，43岁的马化腾凭借840亿元的身价，排名全球第70位，同时跻身大中华区富豪榜第8名，他是大中华区前10名中唯一的IT行业代表，也是最年轻的富豪。

随着腾讯业务的进一步扩张，马化腾的财富将继续大幅增加。虽然未来短短几年内马化腾的财富仍难以超越内地首富王健林，但随着移动互联网的飞速发展，马化腾成为中国首富，或许只是时间问题。

第五章　江湖恩怨：竞争与合作

有人的地方就有江湖，有江湖的地方就有恩怨。

俗话说，常在江湖飘，哪能不挨刀？暗算、奇袭、针锋相对，这在江湖一点也不稀奇。马化腾和他的企鹅帝国就是在这样的环境下壮大起来的。腾讯一路走来，有太多的狭路相逢，微软、阿里、奇虎360、千橡公司，这些互联网不同领域的公司都和企鹅“掐过架”，甚至还有国产汽车品牌奇瑞QQ。不过反过来说，腾讯在与这些公司的较量中，也学会了和对手进行联盟与合作。

在腾讯向互联网的各个领域拓展时，攻守之间免不了你来我往，免不了摩擦碰撞。这些既让腾讯不断沉沉浮浮，不断增加市场经验，也让马化腾在磨砺之中越发成熟……

第一节　MSN之殇："恐龙"被"企鹅"谋杀

1.微软帝国的奇袭：MSN落地中国

企鹅初长成，在国内市场做得风生水起时，遭遇了其发展历史上第一个真正意义上的强大对手，这个对手还是"外来和尚"——微软帝国的MSN！

其实MSN奇袭中国之前早就埋下了不少伏笔，只是腾讯当时正忙于与国内的竞争者过招，没有把MSN写入对手名单，这也给自己造成了不小的麻烦。

MSN是由微软公司提供的与网络同步的服务，于1995年8月24日发布并同时发行。MSN Messenger可以提供聊天、视频、通知用户接收到邮件等一系列的网络在线服务。

MSN的最大优势在于与Windows操作系统的融合性绑定，使用户可以不用担心装机容量的问题。中国90%以上的电脑用户用的都是微软的操作系统，所以Windows系统中被捆绑的MSN也较容易被用户接受。

事实上，微软在操作系统中捆绑MSN的做法是一种非常明显的垄断行为。欧美许多国家的许多公司都在想办法限制微软的这种行为，比如进行垄断诉讼。只不过当时国内的互联网企业的版权意识还不够，对此几乎都没有任何应对，更何况没有多少企业的业务会跟MSN产生冲突。连腾讯都不动，别人又怎么会动呢？

当时的腾讯，刚刚处于起步阶段，一直在忙于融资和开发新业务，无暇顾及MSN这个潜在的对手。更何况当时MSN一直将重心放在欧美，在中国国内的客户群基础并不雄厚，而当时的腾讯对自己的客户基础还是充满信心的。

微软MSN在正式进入中国以前，有着几个大动作，但在宣传方面一直保持低调，这让我国的互联网公司，包括腾讯，都完全摸不着头脑。2000年1月，

MSN推出了横跨亚洲6个国家和地区——韩国、中国香港、中国台湾、新加坡、马来西亚和印度，深入33个市场，有着17种语言的版本，成为没有任何网络门户能够超越的世界性大门户。2001年10月，微软推出中国大陆版MSN Explorer软件，并捆绑推出经专门定制的中文版MSN门户站点的链接——china.msn.com，渴望以此加强对中国互联网市场的渗透。随后这一链接也出现在微软中国的网站上。不过，按照相关规定，该网站在初期不能提供新闻，主要提供技术方面的内容，并重点介绍微软的产品信息。中文版MSN网站的托管地设在美国。当时微软亚洲MSN分部总经理解释说："中国大陆对国外互联网内容提供商的限制较为严格，这样我们的网站在法规上不会遇到麻烦。"

对于MSN正式进军中国的消息，马化腾曾经回应道："有压力是好事，我们会避其锋芒，不会与它硬拼。"在MSN尚未真正进入中国之前，微软中国MSN事业部总监罗川表示："微软非常希望能在中国发展MSN业务，目前MSN在中国没有正式落地，但已经和一些潜在的合作伙伴商谈战略合作的问题，合作范围包括内容、服务等多个方面。"但具体如何进入中国，微软总是守口如瓶，显示出大公司的老到之处。

2002年10月24日，比尔·盖茨出现在纽约中央公园，参加了MSN8在美国、加拿大的首发仪式。而与此同时，微软MSN亚洲区总经理张慧敏来到中国北京，约见了5家专业媒体，并完成了在中国对MSN的初步推广。

当初，微软MSN在中国的落地慎之又慎，其内部也明确表示，最核心的焦点问题还是寻找合作伙伴的问题。当时的腾讯已经处于即时通信的垄断地位，MSN想要来瓜分市场，必然会做一番大手笔的准备。想要对QQ发起挑战，MSN必须走一条差异化道路。

而对于腾讯来说，如果MSN真的来临，这也是一场硬仗。因为与微软这样的互联网帝国竞争，绝对不会轻松。

2. 久经沙场：MSN 拉起联盟

2005年5月11日，腾讯最大的竞争对手微软互联网事业部——MSN（即时通信软件）正式宣布和上海联和投资有限公司共同成立合资公司，把 MSN 正式带入中国。微软这个巨头的动作，在中国互联网领域引起轩然大波，其中受到直接威胁的就是腾讯。在业务上和 MSN 有冲突的腾讯，又将如何面对这一挑战呢？

姜还是老的辣，久经沙场的微软，前期低调行事，但一出手就是一个高招。2005年6月2日，MSN 的合作伙伴终于公开了，包括淘宝网、上汽集团人来车网、上海文广新闻传媒集团东方宽频传播有限公司、赛迪网、联众世界、指云时代、北青集团北青网、Englishtown、猫扑网这9家国内非常知名的企业。据说，想当 MSN 合作伙伴的企业极多，竞争十分激烈。为了这次宝贵的机会，企业间进行了竞拍，最后加盟费被抬到千万的级别，这些企业中，赛迪网是和 MSN 协商合作的。这些企业分别占领了 MSN 新闻、社区、购物、数码、汽车、游戏等非常热门的八大领域，前景非常不错。

至于淘宝网与 MSN 合作的利益分享方法，时任淘宝执行总经理的孙彤宇曾做过解释，淘宝其实在这过程中没有任何收入。也就是说，客户在 MSN 上的淘宝购物、做广告等业务所产生的费用全部都给 MSN。淘宝会做赔本买卖，为别人做嫁衣吗？当然不是。孙彤宇直言："我们要的是流量。"的确，MSN 虽然赶不上 QQ，但是其用户数也不小，淘宝希望借和 MSN 的合作进一步拓展淘宝的流量。淘宝当时的流量是7000万，计划在年底达到1亿。这依然有很大的发展空间，淘宝设置了专门的方法监测从 MSN 过来的流量。此外，淘宝是 MSN 的购物平台里唯一的合作伙伴，初次合作的合作期定为1年。

有业内人士推测，淘宝在 MSN 的伙伴中占据最重要的位置。特别是当 MSN 发布新闻通稿时，在9家合作伙伴里只特别引用了孙彤宇的一段话介绍合作意向。据MSN中国公司的消息，MSN在正式进入中国之前，为寻找合作伙伴花费了不少时间和精力，这9家合作伙伴是MSN在各个领域里精心考察过后确定的，前后耗时至少半年。有这么强大的联盟打头阵，微软完全可以安心待在幕后，有相关评论称，这正是微软借力打力的高招！

MSN这样的全球互联网巨头，无论是运营还是综合实力都足够让小企鹅颤抖！虽然MSN注册用户数远远比不上腾讯，但谁也不知道它什么时候会发起猛烈进攻，翻盘也可能就是眨眼间的事。MSN作为腾讯成长道路上遇到的第一个真正意义上的对手，其力量比腾讯曾经的任何一个竞争者都强很多倍。

这次挑战就是一次生死之局，腾讯若能守住阵地，必然更加强大；如果失败，很可能会溃不成军！

3. 接受挑战：腾讯推TM，收购Foxmail

2005年5月，MSN中文门户正式登陆中国之后，短短4个月时间里，MSN Messenger的用户增长了25%，而MSN整个门户的用户在中国增加了133%。这样的数字绝对会让腾讯QQ不能掉以轻心，也证明了MSN确实有威胁到QQ的可能。

其实两款软件的受众的年龄层次和消费能力有明显区别，即使MSN的用户数量比不上QQ，在用户消费层次上也有着得天独厚的优势。根据艾瑞调查公司的调查数据：QQ，用户年龄层次在14~20岁，有一定购买力，其与年轻人喜爱的游戏等娱乐方面的大众消费品牌切合度很高，但是它与汽车、房产等高端消费品品牌的切合度就要落后很多。反观MSN，其一再宣传的针对白领人士的目标群体已经形成，其用户的年龄层次在25~35岁，这个年龄层次群体的经济和社会地位都比较高，消费水平也高。也就是说，如果想利用平台来宣传品牌，MSN对于汽车、房产、奢侈品等的宣传效果比QQ更有优势，因为其用户群体和品牌切合度更高，宣传效果当然会更好。

马化腾对于媒体关于“QQ 面对微软 MSN 的竞争是否压力很大”的提问也毫不讳言：“从通信市场来看，我们现在最大的竞争对手确实是 MSN，即时通信市场是目前我见过的互联网应用竞争最激烈的市场，相关企业大大小小算起来超过40家。这个市场技术门槛不是很高，但是易学难精。即时通信的价值在于它的用户群。用户群越大，产业价值才越大，所以要有一定的先发优势。”

说起“先发优势”，QQ 的先发优势是非常明显的，那就是创立时间早，拥有庞大的用户群；而 MSN 的优势在于与 Windows 操作系统相捆绑，这一优势是无可取代的。作为国内 IM 市场的第一品牌，虽然当时的 QQ 牢牢占据着65% 的国内市场份额，微软的 MSN 仅占据20% 的市场份额，其他竞争对手对 QQ 也根本构不成威胁，但相比之下，微软这个庞大的帝国依然足以让人害怕。马化腾的观点是，即时通信的核心竞争力是即时通信用户区和社区，而不是简单的占有率。他相信，随着蛋糕的做大，QQ 也可以在保留原有用户群的基础上渗透进别人的用户群，从而使自己的市场不断扩大。从这点看，在马化腾看来，MSN 的介入未尝不是一件好事。

QQ 早期拓展用户群，主要是通过网吧等场所，所以软件的大众性和娱乐性非常强，却缺乏商务性。不少公司甚至封锁 QQ，就是因为他们觉得 QQ 仅是一个聊天和娱乐的工具。

对此，马化腾认为，与 MSN 相比，QQ 的用户群定位更偏重于中国本地化、年龄较轻的用户。这类人群具有一个特点，即愿意去结交一些陌生用户。而 MSN 和 E - mail 结合紧密，这类用户的需求是与熟人交流。QQ 在努力地“往上”渗透，MSN 在不断地“向下”发展。事实上，马化腾早已做过与“往上”渗透相关的尝试，那就是被称为“QQ 的孪生姊妹”的 BQQ（即企业 QQ）。中国著名地产公司深圳万科就曾是 BQQ 的忠实用户。

对于挑战，马化腾并没有畏惧，而是早已做好了准备。2004年，腾讯推出一款即时通信软件——Tencent Messenger（简称“腾讯TM”）。从这款软件的定位来看，腾讯是在拓展即时通信的产品线，这跟微软MSN以及其他即时通信软件抢占市场脱不了干系。在此之前，腾讯的即时通信产品线是QQ和RTX，分别针对个人和企业市场，而新软件TM主要面向商务办公环境中的个人用户。同样是免费软件，它比QQ的页面更简洁，还有许多商务功能。从名字也能看出来，这款软件与MSN风格差不多。实际上，TM和MSN相互都在学习和影响对方。

2005年3月11日，腾讯正式宣布收购Foxmail，同时将其整个团队纳入旗下。Foxmail也是一款国产软件，它的创始人是张小龙。Foxmail于1997年被正式推出。一经推出，它迅速占领了不小的市场，甚至能做到与微软的Outlook相对抗。

马化腾称收购Foxmail主要是为了提升QQ在邮箱方面的技术：“我们看中的是Foxmail的技术和客户。”邮箱技术一直是门户网站竞争的重要项目。在此之前QQ的邮箱技术跟微软、雅虎、新浪等大型门户网站相比，的确存在一定差距。这次收购Foxmail，腾讯也为自己进一步扩展了产品线。

说起收购邮箱技术，腾讯的这次收购跟微软当年收购Hotmail很相似。1996年推出的Hotmail是免费电子邮件提供商之一，1997年年末被微软收购，成为MSN的组成部分。而腾讯这次收购Foxmail，使QQ的产品功能更加全面，在跟MSN竞争时也更有底气。

4. 互通互联：攻守之间

2005年10月12日，雅虎公司和微软两大巨头联手，签署了一项令业界广泛关注的协议。该协议称“MSN Messenger和雅虎通的用户将于2006年4—6月实现互联互通，到时候双方高达2.75亿的用户之间将实现实时沟通”。这一举动被认为是为了孤立另一个大型IM软件美国在线（American Messenger）以及Google talk。相关数据显示，MSN、雅虎通和美国在线是全球三大IM工具，形成三足鼎立的局势。MSN与雅虎通结盟之后，将形成一个相对强势的群体，从而改变整个IM市场的格局。

MSN、雅虎通虽然是国外软件的一次合作，但无疑也对中国IM市场的格局产生了冲击，尤其会给腾讯造成压力。

雅虎中国通信事业部总经理毛新对这次合作非常兴奋，因为此次双方的合作是基于服务器端的彻底合作，这与国内曾经出现的第三方互联互通软件差别很大。从国内的即时通信领域来看，网易泡泡和新浪UC都曾经尝试过通过互联互通来冲击腾讯QQ的垄断，不过没有什么效果。而MSN和雅虎通的合作，显然实力更加值得期待。与此同时，其他IM厂商也会继续寻找突破的机会。据雅虎中国高管透露，此次合作消息一出便在业内引起巨大轰动，很快就有数十家中国IM厂商向雅虎表达了合作意向，但腾讯并不在其内。

为什么？腾讯稳坐国内IM老大的位置，并不愿意与微软、雅虎分享成果，花了近10年时间积累的数亿用户也不可能轻易与其他软件分享。马化腾说得很清楚："我们支持合理的互联互通。而让QQ无条件地开放，让所有的即时通信软件都可以利用QQ的用户去赢利，没有这种道理。"而一些中小即时通信软件则想借此机会打一场翻身仗，因此非常积极地和两大巨头接触，想加入互联互通阵营。如果中国近40家IM厂商全面互联互通，那么腾讯QQ将会被彻底孤立起来。

2005年10月，腾讯CEO马化腾做了一件让人意想不到的事，第一次为新产品腾讯QQ2005正式版的发布举行了发布会。不仅如此，他还声称我国即时通信产业已经进入了标准时代。

马化腾在这个时期发布关于标准的言论，不得不让人联想到是否与雅虎通和 MSN 的互联互通计划有关。至于标准究竟是什么，马化腾的意思似乎是希望腾讯成为行业标杆。他还说："标准要靠产品说话，而产品受到用户的认可并且能够引领整个产业的趋势，它客观上就已经成为标准。所以从这一点来看，腾讯要在所有竞争对手的前面首先修练好内功，用我们的产品说话。"这表明，腾讯毫不畏惧竞争对手的这次联合。

2006年7月，雅虎和微软公司正式联合宣布，会在2006年完成全球多个市场双方即时通信工具间的互联互通公开测试。互通方式不仅有声音互通互联、视频互通互联，还有无线领域的互通互联。他们在国内合作的厂商队伍也会进一步扩大。

跟腾讯比起来，MSN 在商务领域的优势一直都在，雅虎也类似，两个软件的整合，既能加强吸引 IM 用户的能力，也能加强其他领域的拓展，增强其商业价值的挖掘能力。不过，二者想要挑战 QQ 的霸主地位还为时尚早，因为二者的用户数和 QQ 还有着巨大的差距。

2006年，腾讯与掌中无限发生纠纷。掌中无限指责腾讯在互通互联的问题上一直不放开是一种垄断行为。也许是为了表明态度，2006年年底，腾讯宣布 QQ 将与中国移动 IM 软件飞信实行互通。

现如今，腾讯6亿的注册用户显然远远胜出 MSN 的4500万，艾瑞市场调查的专项调查数据显示，分别有91.58% 和48.03% 的用户喜欢 QQ 和 MSN，而其他品牌的即时聊天工具，诸如淘宝旺旺、网易泡泡、Tom - Skype 等软件处在距离这两家甚远的位置上。腾讯 QQ 在中国即时通信市场的地位优势明显，是用户最喜爱的技术通信软件品牌。而在主要即时聊天工具使用率的调查上，QQ 也以92.2% 的高使用率位居首位，而第二位的 MSN 的使用率为40.4%。在用户的喜爱率上，QQ 也要比 MSN 高出30多个百分点。腾讯的优势似乎非常明显。

第二节　3Q 大战：一场没有赢家的战争

1. 针锋相对：互不妥协

中国 IT 行业大佬陈天桥曾笑言："马化腾有吸星大法，对手有什么好主意，腾讯立刻拷贝过去。"这虽然是陈天桥的一句笑言，但在现实中，对于马化腾自己来说，他这种后发制人的策略也给他带来了一些麻烦。

QQ 的不断借鉴与巨大成功触及了中国互联网行业其他公司的利益，近些年来不断壮大的奇虎360就是一例。

2010—2014年，一场"3Q 大战"引爆了中国互联网，数亿网民围观了这场世纪之战。这些年来，腾讯以 QQ 为基础，向各个方面发展，以其强大的市场占有率、强大的客户群体，不断吞噬着互联网各个领域。

而奇虎360是以安全软件闻名的企业。360由周鸿祎创立于2005年9月，主营以360安全卫士、360杀毒为代表的免费网络安全平台，同时拥有问答等独立业务。360公司主要依靠在线广告、游戏及互联网、增值业务创收。360安全卫士吸引庞大用户群的策略就是永久免费，而当时市场上绝大部分的杀毒软件都是收费的，这让360在很短的时间内迅速占有了绝大多数网络安全市场份额，用户数达到几亿，也成了继腾讯 QQ 之后第二大客户端软件。

腾讯曾经推出 QQ 医生 1.0Beta 版本，此后很长一段时间内只是作为查杀盗号木马的小工具。不过随后 QQ 医生3.2版本推出后，其界面及功能就跟360相差无几了。此外 QQ 医生还有一些优惠活动，并依靠 QQ 自身庞大的用户群在春节大力推广。这下360坐不住了，一旦 QQ 医生占领了市场，麻烦就大了。360迅速做出反应，立即采取了紧急措施，于是 QQ 医生的市场份额又迅速下降。此后一段时间内 QQ 和奇虎360相安无事。

2010年5月31日，腾讯悄然将QQ医生升级成4.0版——QQ电脑管家。这款新软件将QQ医生和QQ软件管理合二为一，而且增加了云查杀木马、清理插件等功能，用户体验也和360极其类似。360和金山毒霸没有预料到腾讯会使出这招。9月22日，QQ电脑管家又开始进行强制推广。想想也知道，凭借着QQ庞大的用户基础，QQ电脑管家将直接威胁360在安全领域的生存地位。

9月27日，360发布直接针对QQ的隐私保护器工具，宣称其能实时监测曝光QQ的行为，并提示用户"某聊天软件"在未经用户许可的情况下偷窥用户个人隐私文件和数据。这引起了网民对QQ客户端的担忧和恐慌。

10月14日，针对360隐私保护器曝光QQ偷窥用户隐私事件，腾讯正式宣布起诉360不正当竞争，要求奇虎360及其关联公司停止侵权、公开道歉并做出赔偿，并且法院也已经受理此案。针对腾讯的起诉，360很快做出了3点回应，同时宣布将提起反诉。360在回应中称，"各界对腾讯提出的窥探用户隐私的质疑，腾讯一直回避，这时候起诉360，除了打击报复外，不排除是为了转移视线，回避外界质疑"。

10月27日，腾讯刊登了《反对360不正当竞争及加强行业自律的联合声明》。该声明由腾讯、金山、百度、傲游、可牛等互联网知名公司联合发布，这些公司共同对360进行了谴责。5家企业如此众口一词地声称不与360发生任何形式的业务合作，并且呼吁有关主管机构对360恶意对用户进行恫吓、欺骗的行为进行彻底调查。

10月29日，360公司推出一款名为"360扣扣保镖"的安全工具。360称该工具全面保护QQ用户的安全，包括阻止QQ查看用户隐私文件、防止木马盗取QQ以及给QQ加速、过滤广告等功能。该软件推出后72小时内下载量便突破2000万，并且不断迅速增加。腾讯对此做出强烈说明，称360扣扣保镖是外挂行为。

2. 大战爆发：数亿网民围观

虽然腾讯QQ与360一直针锋相对，但是该事件的影响毕竟还在公司之间。真正让事件波及面扩大化的是沉默了几天的腾讯使出的撒手锏——一封信。一石激起千层浪，这封信在网民之间迅速传播开来。

2010年11月3日18点15分，腾讯公司旗下的QQ、TM等聊天软件均在软件主界面显眼位置出现“致广大QQ用户的一封信”。上面提示，在360公司停止对QQ进行外挂侵犯和恶意诋毁之前，腾讯决定将在装有360软件的电脑上停止运行QQ软件。QQ还利用软件本身的新闻弹出卡片功能，弹出这一卡片。而富有戏剧性的是，360软件认为这一弹出卡片是木马病毒，并提示用户这一木马正在试图借助其他程序攻击系统，建议用户立即清除。

以下是这封信的全部内容：

致广大QQ用户的一封信

亲爱的QQ用户：

当您看到这封信的时候，我们刚刚做出了一个非常艰难的决定。在360公司停止对QQ进行外挂侵犯和恶意诋毁之前，我们决定将在装有360软件的电脑上停止运行QQ软件。我们深知这样会给您造成一定的不便，我们诚恳地向您致歉，同时也把我们做出这一决定的原因写在下面，盼望得到您的理解和支持。

一、保障您的QQ账户安全。近期360强制推广并胁迫用户安装非法外挂360扣扣保镖，该软件劫持了QQ的安全模块，导致QQ失去了相关功能。在360软件运行环境下，我们无法保障您的QQ账户安全。

二、对没有道德底线的行为说“不”。360屡屡制造“QQ侵犯用户隐私”的谣言，对QQ的安全功能进行恶意污蔑。事实上，QQ安全模块绝没有进行任何用户隐私数据的扫描、监控，更绝对没有上传用户数据。目前我们已经将QQ安全模块代码交由第三方机构检测，以证明我们的清白。

更甚的是，360作为一家互联网安全公司，竟推出外挂软件，公然站到了“安全”的对立面，对其他公司的软件进行劫持和控制。这些都是没有道德底线的行为。

三、抵制违法行为。任何商业行为，无论出于何种目的，都应该在国家法律法规的框架下进行。而360竟然采用“外挂”这种非法手段，破坏腾讯公司的正常运营。

360已经在用户电脑桌面上对QQ发起了劫持和破坏。我们本可以选择技术对抗，但考虑再三，我们还是决定不能让您的电脑桌面成为“战场”，而把选择软件的权利交给您。

12年来，QQ有幸能陪伴着您成长；未来日子，我们期待与您继续同行！

腾讯公司

2010年11月3日

然而，事情远远没有止步于此。360也马上做出回应，随后更是一连串毫不留情的互相拆台，颇有戏剧性。对于网友来说，看到两大互联网巨头这样针锋相对，也是一件很惊奇的事情。

“这场战斗还将持续，我们坚信必将赢得用户的支持，打赢这场战斗。”腾讯公司董事局主席马化腾如是说。根据腾讯发出的公开信，他们之所以做出服务变动的决定，是因为考虑到QQ账户的安全问题。腾讯表示，360强制推广外挂扣扣保镖，该软件改变了QQ的安全模块，导致QQ失去了相关功能。腾讯认为，在360软件运行环境下，腾讯无法保障QQ账户安全。所以，他们决定，在360停止推广扣扣保镖之前，如果用户需要运行360软件，则无法使用QQ。这个决定很快引起了网民震惊。2010年11月3日晚的新浪微博几乎快被这个消息和相关评论淹没了。以下便是“3Q大战”摆到网民面前的过程：

11月3日18点15分左右

腾讯的QQ和IM等软件里跳出弹框“致广大QQ用户的一封信”，同时腾讯发布“一起卸载360”超级工具。

11月3日20点左右

腾讯关掉自家WebQQ服务，让360失去了最后的防线。

11月3日21点20分左右

360发布官方回应文件——《腾讯要挟用户卸载360　360将保证和QQ同时正常使用》，表示360将保证和QQ同时正常使用。同时360 CEO周鸿祎在微博上推荐用户下载360特制WebQQ，以暂时解决360与QQ共存的问题。

奇虎360发布“360的紧急求助信”。

11月4日9点30分

腾讯再次发“致QQ用户的第二封信”，向用户解释为什么腾讯要做出这么一个选择。

11月4日10点左右

腾讯举行关于与360发生纷争的新闻发布会，在会上解释了要QQ用户卸载360的原因。腾讯表示，卸载360是为了保护用户的QQ账号安全。然而，在被问到为什么不走司法途径时，腾讯回应说360完全不怕法律，并且走司法途径时间太久，会让用户不明白真相。当被问到对360有什么要求时，腾讯回应说希望他们可以痛改前非，知道自己做了一个非法外挂。

11月4日12点左右

360发布“360致用户的一封公开信”，公开表示，360扣扣保镖并不是腾讯所指的后门腾讯，360扣扣保镖并未偷窃QQ用户的隐私信息。

11月4日晚

在360发布的公告中，对于腾讯11月4日召开新闻发布会说360扣扣保镖破坏QQ程序的说法一一进行了驳斥。

随着下面这一公告发布，360和腾讯间的事情可以说暂时告一段落。奇虎360于2010年11月10日宣布QQ和360已经恢复兼容，并在官方网站发布名为《QQ和360已经恢复兼容 感谢有您！》的公告，感谢广大用户对360软件的支持，公布了有关部门的联系方式，提醒用户若发现双方软件出现冲突可向相关部门举报。而腾讯也于2010年11月21日发布名为《和你在一起》的致歉信。双方的冲突在工信部的介入下算是正式化解了。

腾讯公司发布的《和你在一起》致歉信，全文如下：

和你在一起

亲爱的QQ用户：

前段时间，腾讯公司和360公司之间爆发了一场广为人知的纷争。最终在工业和信息化部等政府部门的协调下，这次纷争告一段落，QQ用户的安全和权益得到了保障。在此，我们向所有在事件中受到困扰的用户致以诚挚的歉意！对工业和信息化部等政府部门的通报批评我们虚心接受，并且会按照有关要求认真落实后续工作。对大家在此过程中对我们提出的意见和各种批评，我们也会认真听取、总结，吸取教训。

痛定思痛，我们在处理的方式和与用户沟通中采取的方式上有很多值得反思的地方。起初，我们把注意力都放在“谁对谁错”“是非曲直”这样的问题上，与此同时，却忽略了用户的感受。

作为一家发展较早、规模较大的企业，同时作为行业领先者，我们应该更加注重用户的感受；如果我们在做出那个“艰难的决定”之前能够和您有更充分的沟通，让您能有机会更明白风险和问题所在，整个事件的演化也许就是另外一种情景。

事件发生后，我们从用户、媒体、行业专家那里得到了很多信息，其中有意见，有建议，也有批评。无论从哪个角度，能得到您的帮助是我们的幸运，也是我们在这个事件中的一分收获。您现在也许还无法想象这些意见对我们有多么重要。您的这些意见，将会成为腾讯公司战略转型和企业升级的关键动力。

也正是因为有了这样的认识，公司领导在不久前致员工的一封信里才会提出："这不是最坏的时刻，也没有最好的时刻，让我们放下愤怒，让我们保持敬畏，让我们打开未来之门。"我们相信，这次事件结束之后，在政府的推动下，我们一直渴求的"阳光下的竞争"时代终将到来。腾讯也将以更开放的心态和用户、行业一起去拥抱这个时代。

随着QQ用户数的持续增长，我们明白身上的责任越来越重大。面对责任，我们必须对自己要求更高、做得更好。这样的心态也让我们更能理解您在此事件中所受到的困扰。因此，我们再次向您致以诚挚的歉意，希望未来能继续得到您的支持。

无论过去、现在还是未来，我们的心愿不变：和你在一起。

腾讯公司

2010年11月21日

不过，时隔一年，双方仍然就"3Q大战"过程中双方的攻击相互提起诉讼，并各有胜负，均向对方道过歉。时至2014年，他们仍然有案件处于审理中。这起被称为"互联网反不正当竞争第一案"的案件，是迄今为止互联网行业诉讼标的额最大、在全国有重大影响的不正当竞争纠纷案件，也是《反不正当竞争法》出台多年以来，最高人民法院审理的首例互联网反不正当竞争案。

网络营销分析师苏笛康先生对"3Q大战"进行了解读，指出"3Q大战"

凸显了网民的劣势地位，批评两家公司强迫用户进行选择，“整个过程中，网民没有任何抵制和制裁的能力”，“想要改变网民的弱势地位，就必须做到两点：网民呼声的正常化和互联网公司的去垄断化”，并预言“只要网民还处在劣势地位，类似的互联网战争还会以各种形式出现”。

其实，这一大战，腾讯和360可谓两败俱伤。据称，360在这个过程中损失了大量的用户，而腾讯则损失了声誉，对用户和整个行业也造成了负面影响。随着互联网行业越来越规范，企业日益成熟，希望这样的事件不再发生。

第三节　腾讯与奇瑞：QQ 商标的跨界之争

1. 各执一词：商标争夺战由来已久

一个是国内首屈一指的互联网巨头，一个是知名的国产汽车品牌，两家原本在各自领域做得风生水起的大企业，却因为同样使用“QQ”商标而鏖战10多年。

2013年7月16日上午，北京市第一中级人民法院西中法庭上演了一场“QQ”争夺大战。

表面上，这次腾讯起诉的被告是国家工商行政管理总局商标评审委员会。三方争论的焦点主要在于“争议商标注册是否违反了《商标法》第三十一条规定”“腾讯 QQ 注册的正当延续性”“奇瑞在先使用的正当性与否”。

实际上，在法庭上辩论双方为腾讯公司和奇瑞汽车。两家公司都用“QQ”名称申请汽车类商标。奇瑞是2003年，腾讯是2005年。早在2003年，奇瑞公司 QQ 车面世时，腾讯就曾向奇瑞提出过商标侵权问题。但由于当时腾讯忙于上市，没有公开起诉。直到2008年，腾讯公司在第12类汽车等商品上，申请注册“QQ”商标并获准注册后，奇瑞公司在第二年称上述商标的注册违反了《商标法》的规定，请求商标评审委员会撤销该争议商标。商标评审委员会经审理认为，腾讯“QQ”商标的注册构成《商标法》第三十一条所指的“抢先注册他人已经使用并有一定影响的商标”的情形，据此裁定争议商标予以撤销。腾讯公司对此裁定表示不服，并且向北京市第一中级人民法院提起诉讼，认为商评委做出的裁决存在明显的错误和漏审情形，争议商标并未违反相关法律规定，争议商标的注册应予以维持。

这次庭审的争议主要集中在3点。

第一点，腾讯被撤销的商标算不算抢注了。《商标法》第三十一条规定，申请商标注册不得损害他人现有的在先权利，也不得以不正当手段抢先注册他人已经使用并有一定影响的商标。奇瑞方面认为，奇瑞的“QQ”商标属于“有一定影响”的商标。QQ车自推出以来，宣传非常广泛多样，具有非常高的知名度，甚至腾讯公司也曾在其网站、客户端上对奇瑞QQ做过大量广告宣传，说明对奇瑞“QQ”商标具有认知度和认可度。腾讯公司则反驳称，对奇瑞QQ的广告宣传并不能证明其认可这个商标的合法权益。腾讯公司早已注册、申请了38类商标，其注册商标并没有使用不正当手段，也没违反法律规定。

第二点，奇瑞使用“QQ”是否构成攀附。庭审中，腾讯指出，腾讯QQ推出早于奇瑞QQ。奇瑞QQ问世时，其商标名称来源于腾讯QQ软件，巧妙地运用了“QQ”这个名称，这是一种套用腾讯QQ影响力的不诚信行为。而且奇瑞在产品宣传中，不断使用腾讯知名的产品名称，如Q卡、Q币和QQ秀等，是一种攀附行为。奇瑞方面辩驳，车名称的来历是由于车尾灯亮的时候像字母Q，而且在外观设计上也有专利证书，“QQ秀”等产品的宣传来自其他网站，并不是奇瑞公司做宣传时使用的手段。攀附目的是要抢夺客户、侵占市场，而奇瑞与腾讯公司处于不同的领域，并不构成对同一市场领域的竞争关系，因此不构成攀附行为，而是腾讯对“攀附”的意思理解错误。腾讯方面的观点是，奇瑞官网上转载包含“QQ 秀”广告词的文章就表明奇瑞对该宣传是认可的，并且奇瑞的官网也有相关文章称奇瑞 QQ 的创意来自腾讯 QQ。

第三点，“鼠标 QQ”是否等同于“字母 QQ”。庭审中，腾讯称奇瑞在2003年注册的“QQ”商标跟腾讯之前注册的12类商品类似。因为商标近似、商品类似，为保护自身品牌，腾讯对奇瑞提出异议。此争议商标是腾讯对之前商标的衍生注册，是对自身商标进行保护的合理举措，不存在不正当抢注商标。腾讯还认为，此争议商标和奇瑞的商标都是 QQ 图形，没有什么区别。奇瑞方面表示，其已取得“QQ”图形设计的版权，而且腾讯之前注册的商标是“Q”形状的鼠标图形，“鼠标 QQ”和“字母 QQ”不构成商标类似。不同商品类别上各自都有各自注册的领域，因此腾讯注册的鼠标图形和奇瑞“QQ”商标并不产生权益冲突。

2. 蹊跷的 QQ 汽车商标注册

奇瑞 QQ 是汽车行业的国有新兴品牌，注册商标是在2003年，“QQ”字母标识是其汽车领域的唯一注册标识。而 QQ 汽车也在奇瑞刚刚创立时为其打开市场立下了不少功劳。

腾讯和奇瑞这两个企业，分别在不同领域使用各自的商标，大有“井水不犯河水”的架势，为何双方走到对簿公堂的地步？

为什么说 QQ 汽车商标注册蹊跷呢？蹊跷就在于两家企业注册重叠但时间有先后。奇瑞早在2003年就获得了“QQ”字母标识作为汽车领域的唯一注册商标。奇瑞汽车公关部科长万锐表示：“但在注册时，腾讯的商标并非 QQ 字母，而是图形，同时它也并未在汽车领域注册 QQ，奇瑞在2003年是第一个，也是唯一在汽车领域注册 QQ 标识的。”但在2005—2008年这段时间，腾讯一直在汽车领域争取“QQ”商标的注册，而且竟然非常顺利地通过了工商总局的审批。

奇瑞汽车曾经的新闻发言人金弋波曾解释过，关于“QQ”汽车标识归属以及商业投入和是否构成侵权的争议，时间其实很漫长。腾讯和奇瑞还一度达成过“默契”，双方甚至就共同推进“QQ”品牌的知名度和发展，进行过多次交流，还有过双方进行合作的想法。

但是到了2009年，双方的态度显然转为了公然对QQ汽车商标进行争夺。2009年11月，奇瑞汽车向商评委提出撤销腾讯商标的申请，理由是腾讯公司在汽车领域的商标注册损害了他人在先权利。商评委经过审理之后，也裁定撤销腾讯公司在汽车领域的“QQ”商标。腾讯自然不会对这件事坐视不理，而且腾讯也早已经获得了QQ汽车商标注册。4年以后的2013年7月，腾讯将国家工商行政管理总局商评委告上法庭，旨在确立其在QQ汽车商标注册上的合法性。此外，腾讯不是只起诉了国家工商行政管理总局商评委，同时也将奇瑞作为第三方，针对奇瑞QQ提出了不少质疑。因此，奇瑞公司方面的人员非常关注这件事。

2013年2月，商评委裁定，腾讯公司持有的争议商标依法予以撤销。一审判决做出后，腾讯曾两次向北京市高级人民法院提起上诉。而北京一中院和北京市高级人民法院最后都裁定，维持商评委的裁定。

北京高院审理后认为，由于汽车商品和通信服务差距较大，二者不构成同一种或者类似商品或服务。腾讯在汽车等商品上申请争议商标时，理应知晓奇瑞在此类商品上的“QQ”商标已经具有一定知名度。因此，腾讯申请注册争议商标的行为具有不正当性。而且即便腾讯是申请注册防御性商标，也应当对奇瑞公司享有的在先权利进行避让。北京高院最终判令维持一审判决。

以下是事件回顾：

1999年,腾讯公司推出国内首款即时通信软件OICQ(后改名为“QQ”)。

2003年3月，奇瑞公司向国家工商行政管理总局商标局申请了汽车类商标。

2003年7月，奇瑞公司QQ车面世。腾讯曾向奇瑞提出过商标侵权问题，但无公开起诉。

2005年5月19日，腾讯公司在第12类汽车等商品上申请注册“QQ”商标。

2008年3月7日，腾讯公司汽车等商品上的“QQ”商标获准注册。

2009年11月26日，奇瑞公司以上述商标的注册违反了《商标法》的相关规定，请求商评委撤销腾讯公司的争议商标。商评委根据有关规定，裁定争议商标予以撤销。腾讯公司不服上述裁定，向北京市第一中级人民法院提起诉讼，要求维持争议商标的注册。

第四节　腾讯与千橡的那些事儿

1. 不期而遇的对手

2006年，腾讯与千橡的官司以及口水战再度成为热门新闻。

陈一舟，1987年考入武汉大学物理系，大学二年级后留学美国，到特拉华大学深造，1993年进入麻省理工学院机械工程系学习，其间专攻自动控制及创造性设计理论，发表过多篇学术论文。1995年，陈一舟获得麻省理工学院硕士学位；1997年，陈一舟进入斯坦福大学攻读MBA及电机工程双硕士学位，1999年6月获得斯坦福大学商学院的MBA学位。

在美国读大学时，陈一舟和同学一起回国创办当时最大的中文社区——ChinaRen社区。2000年9月，公司经营陷入困境，整个公司被搜狐收购。2001

年3月，陈一舟又离职回到美国创业。当他在美国接连遭遇创业挫折的时候，发现搜狐以及整个中国互联网行业开始回暖，他拿着手里的几十万美元的投资又回到国内。

陈一舟做过很多不同的业务，包括SP（即Service Provider，服务提供商）业务以及社区，还模仿了当时风行的韩国网站风格，却无一例外不是十分成功。真正让陈一舟再次成功的契机是收购，他将搜狐的股票全部换成现金，然后去香港炒腾讯的股票。幸运的是，股票成功翻倍，陈一舟的资金大涨，这也让他下决心投入回购。虽然后来多次遭遇回购失败，但他也有过一次不小的成功，那就是收购猫扑社区。

现在已经名声大噪的猫扑原本是一个个人网站，风格比较另类，网友的回帖新奇有趣。陈一舟曾回忆道："猫扑上的一群老用户非常有创新精神，回帖不按常理出牌，非常有娱乐价值，看一个帖子，你都能看小半天时间。它的精华帖，不得了，好看得很。"陈一舟仔细考察了一年多，才收购了猫扑。后来，陈一舟对收购网站的信心大增，成立了千橡，并又收购了各种类型的网站。

经过一年多的努力经营，自称"中国第一互动娱乐门户"的猫扑的注册用户达到近2000万，日平均浏览量为7500多万，世界排名由2000多位上升到40多位，千橡和猫扑可谓大获成功。

2. 无限搁置的官司

虽然千橡当时的发展势头很强劲，腾讯和猫扑的客户群也有一些重合，但是千橡公司跟腾讯相比，其实力相差仍然悬殊。那么，双方又是怎么打起官司来的呢？

正所谓"不打不相识"，就在猫扑准备上市并转型为门户网站的前夕，腾讯网站上出现了一个莫名的头条——《MOP七宗罪》，对猫扑社区进行了毫不留情的攻击。更令人吃惊的是，马化腾承认这件事是他同意甚至一手策划的。猫扑最后并没能如期上市，甚至在千橡矩阵中沦落为二线子部门的地位。但是实事求是地说，这并不是腾讯的舆论影响造成的。真正的原因是2006年前后外部网络环境的变化，包括反流氓软件运动的发起，以及移动等电信运营商极其苛刻的短信新政等，猫扑收入因此减少了很多，上市也被搁置了下来。

马化腾的这一招，似乎显得并不怎么光明正大，作为一个大型门户网站，直接在自家网站攻击对方。显然，这背后的用意没有那么简单，腾讯不至于无故和一个威胁不到自己的新兴论坛过不去。那这背后的原因又是什么呢？

事情还要从头说起。腾讯为难猫扑，自然和猫扑背后的千橡脱不了关系。2006年6月中旬，腾讯公司把千橡和其旗下的网站DoNews告上了法庭，要求他们删除在DoNews网站上针对腾讯和马化腾的侵权文章，除了要求赔礼道歉等措施外，还索赔500万元。

2006年5月30日，在DoNews网站上出现了标题为《原来骂淘宝的声音是腾讯这样策划出来的》的匿名文章。这篇文章污蔑腾讯委托德盛嘉会公共关系公司策划、实施对淘宝网进行攻击。此外DoNews网站中还出现了《调查：你相信马化腾雇用“网络打手”攻击淘宝吗》的匿名文章，内容和之前的差不多。这两篇文章甚至被网站置顶和推荐。

6月1日，已经意识到问题的腾讯愤而向对方发出律师函，要求删除这两篇文章，但是千橡方面一直不为所动。甚至到了6月6日，DoNews上又出现了一篇骇人听闻的标题为《历数腾讯十宗罪，五马分尸马化腾》的文章，显然直接对马化腾进行人身攻击。再次向千橡发出律师函要求删除文章的腾讯，依然遭到了无视，因此腾讯才状告千橡对其名誉权造成了侵犯。

腾讯对这3个帖子如此重视，其实并不像我们表面上看来那么简单。要真追究起来，这次事件跟淘宝网和拍拍网的竞争脱不了关系。当时腾讯与淘宝因为拍拍网的运营关系极为紧张，淘宝也一直怀疑当时网络上的反淘宝联盟是腾讯在背后做了些手脚，网上关于此事攻击腾讯的帖子也不少。而千橡公司发出正式声明，辩称帖子是匿名网友发的，论坛并无权利删除，态度并不服软。

这个案子最后实际是被无限搁置下去了。或许，腾讯一开始就没有想要追究到底，只是想表明一下态度。毕竟 DoNews 只是一个公共论坛，一个发声筒，腾讯要处理的事情太多了，对此没有太多时间应付。其实，这场没开打就结束的官司恐怕醉翁之意不在酒，马化腾真正针对的是互联网界另一个强大的对手——马云。

第五节　马云：杀到企鹅家去，该砸的就砸

1. C2C 的新人：稳健备战

凡事都有两面性。鸡蛋，从外打破是食物，从内打破是生命。企业也是这样，从外打破是压力，从内打破是成长。马化腾对腾讯的领域规划绝不仅仅限于即时通信，而打入新领域必然需要创新，而且互联网的各大领域已经被各大巨头瓜分得差不多了，因此在马化腾的带领下的腾讯，有很长的路要走。

C2C 的全称为“Consumer To Consumer”，也就是消费者对消费者。现在所有的人都知道，C2C 是可以产生巨额财富的。但是在 10 年前，C2C 还没有真正开始巨额赢利。而且，它前期的投入实在太多了，谁也不知道这些巨额投资最后能不能收回来，又从什么时候可以收回来。从易趣到淘宝，C2C 都被证明是一个无比烧钱的领域！

社科院发布的电子商务报告中称，C2C 市场第一名的网站已经占有超过 70% 的市场份额。虽然 C2C 市场的两位先行者已经占有绝对的市场，腾讯还是

认为，这个行业还有很多未被开发的用户价值。

按照各个行业的市场规律，一个行业有3~4家大的企业引领行业发展才是行业正常的发展态势。对于非垄断性行业来说，介入其中的腾讯应该算是第四家，从最初的易趣，到淘宝、一拍加入进来形成三足鼎立，再到淘宝并购一拍后双雄争霸，腾讯拍拍网的加入让这个领域的未来变得更加莫测。

想要开拓新领域，马化腾就没有想过其中的艰辛。在真正行动之前，他已经有了非常具体的想法和理念，这也和他本人低调、踏实的性格有关。他想要进军C2C市场，首先做的工作是厘清腾讯的优势。而腾讯最核心的优势无疑是庞大的用户群以及即时通信的沟通性。在交易的过程中，买家与卖家的沟通成本非常高。而降低沟通成本，让卖家给买家提供更多的互动功能，正是腾讯的优势所在。

“推出拍拍网，目的就是进入C2C电子商务市场。但我们的目标不是克隆一个淘宝，我们对C2C的内部定义和传统的电子商务是有区别的。我们的C2C是希望通过通信手段（一个C）最终完成交易（另一个C）。”马化腾介绍道，“腾讯最核心的竞争力还在于用户间的沟通，我们做电子商务是希望通过沟通完成交易。”腾讯可以算得上是重新定义了C2C：沟通达成交易（Communicate to Commerce）。

马化腾最关心的就是沟通在C2C中的作用。在腾讯曾做过的市场调查中，在对“在网上购物时，是否希望同卖家即时沟通一下？”这一问题的回答中，约有超过94%的人都认为“非常需要”。正是这个调查答案，让马化腾对做拍拍网有了想法和信心：庞大的QQ注册用户群和沟通改变C2C的理念。

“沟通是电子商务中很重要的一环，有沟通才有理解，有理解才能够相互信任。而对于C2C这样的服务型行业来说，良好的沟通就更加重要。而我们的即时通信工具QQ，恰到好处地弥补了C2C交易过程中沟通欠缺这一不足。”

“电子商务企业和IM企业合作，虽然也能实现沟通，但这种合作无法紧密结合，难以做到产品级的集成。毕竟，两个合作伙伴之间，涉及利益等很多因素，很难协调。”而如果说电子商务公司现在再回头去开发即时通信工具，也未必是很好的策略。因为为了让用户实现交易过程中的沟通，再去专门下载一款即时通信软件，也是比较困难的。

“而我们的QQ经过多年的发展普及，目前就像手机一样。让大家去带着手机购物，就是很正常的一件事情。”这样一个有趣的对比，让我们十分明了地看到了腾讯进军C2C的竞争力所在。

“买家在哪里，卖家就去哪里”，是腾讯当前预测市场的理念，即他们认为现在是买方市场，买方的选择太多，选择权都在他们手上。

马化腾认为，腾讯极其可观的注册用户群体，在某种程度上与网上购物的用户群体重合度很高。尽管这部分群体从收入来看，并非收入最高的那部分隐形用户，却是最愿意尝试新事物的具有巨大市场潜力的群体，这是腾讯的一大优势。

关于腾讯为什么总是在别人已开发的领域进行新尝试，马化腾也曾经解释过。“后发的风险最低，特别是当你有一些平台优势的时候，后发是最稳妥的方式。”这和马化腾本身比较沉稳、保守的性格有关，“我们会做小的创新和尝试，但网游和电子商务等比较大的项目，肯定要后发，后发可以研究哪些最适合我们发挥。比如我们觉得淘宝的方式能够发挥中国网民的人气，我们的电子商务就会倾向于采用它的形式。”

在马化腾看来，中国电子商务还处于初期，并没有成熟。虽然腾讯此时进入市场，看起来像是落后，实则并不晚。沉稳的马化腾认为，C2C是服务业，用户的口碑和体验最为关键。他打算先把这件事做好，然后再大规模推广腾讯业务。

2. 惹怒马云：拍拍网抢占市场

2005年9月12日，腾讯的C2C网站——拍拍网开始推出，并且进行试运营。与此同时，腾讯还推出了一款类似于淘宝支付宝的产品——财付通。

为了把拍拍网的用户体验做好，腾讯还扩大了电子商务事业部工作人员的队伍："魔鬼都在细节里面，只有把这些细节都做好，让用户感觉到行云流水般的流畅，才能真正取胜。"专注用户体验，是腾讯这些年来所向披靡的法宝，这次也不例外。

拍拍网上线，先进行试运营，时机合适、产品成熟后，才转为正式运营。这和马化腾一贯低调、稳重的作风是一致的。2006年3月13日，腾讯才正式运营拍拍网，此时拍拍网已经拥有900万注册用户。庞大的QQ用户群和强大的沟通功能让拍拍网的优势非常明显。

这让马云感到了不小的压力。

让马云头痛的并不仅仅是外部企业的压力，淘宝自身的新业务推广也遇到了困难，那就是在2006年年中推出的"招财进宝"服务。此服务的规则本质就是竞价排名，参与"招财进宝"服务的宝贝和普通宝贝会用横线隔开。换言之，"招财进宝"宝贝会占据最吸引顾客眼光、浏览量最大的位置。这种竞价排名服务业不是毫无限制的，五星及五星以下的卖家"招财进宝"的商品数量限制在20种，钻石及皇冠级卖家"招财进宝"的商品数量限制在30种。"招财进宝"服务虽然出价有限额，但是以商品价格为基础，其最高出价调整为商品价格（不包括邮费）的5%。

这样的服务被众多淘宝用户认为是变相收费，尤其是淘宝在不久前才刚刚宣布再免费3年。对于淘宝来说，这其实只是一个增值服务方面的尝试，而且推出以后的使用量确实不错。但用户不这么认为，尤其是卖家的反对声很激烈。

对于大部分卖家来说，因为没进行产品付费，所以产品被排在非常靠后的位置。这对商品成交率造成了最直接的负面影响，无疑是断了大部分卖家的财路。不仅如此，卖家们还自发在网络上发布抗议帖，并进行集体签名来反对“招财进宝”服务，甚至举行“罢市”活动来迫使淘宝做出让步。一些买家也对“招财进宝”有抵触情绪，因为他们觉得这样的收费服务最终还是要买家掏成本，正所谓“羊毛出在羊身上”。

在买家和卖家都对淘宝怨声载道的时候，拍拍网上线了。拍拍网的目标就是成为国内最大的免费交易平台，甚至提出了明显针对淘宝的服务。拍拍网高举“蚂蚁搬家”的宣传口号更是直接针对淘宝店主，还在首页设置“淘宝店主搬家签到处”，并且给搬来的用户各种优惠，大肆收买人心。此举让拍拍网迅速人气大涨，不少其他平台的卖家纷纷入驻拍拍网。而且拍拍网的卖家认证门槛也比淘宝低不少，对新卖家的吸引力更大。

面对如此强大的攻势，马云终于坐不住了。2006年5月29日凌晨，马云用“风清杨”的ID在淘宝论坛上对“罢市”事件做出了回应。文章称：“没想到这事搞得这么大，我觉得我们确实有很多地方做得不够好，产品本身也还不够完善，沟通也不对，我在这里再次向大家表示深深的歉意。”然后，淘宝网迅速发起了对网友意见和建议的征集，让用户进行公投决定这一服务是否继续。最后的结果是超过十几万网民投票，赞成取消这一服务的占到投票人数的61%。于是淘宝迅速顺应民意，停止了“招财进宝”服务，还将已经收取的服务费全部退还给了卖家。

淘宝的这次“罢市”风波终于落幕，但是对民意的损伤无疑是巨大的，如何收复失地对淘宝也是一大考验。在这个过程中，就发生了上文提到的腾讯和千橡之间的口水战，其背后的原因就是淘宝认为腾讯在“罢市”活动中起到了一定的作用，双方似乎都在这一竞争中憋了一口气。

就在淘宝处理完这些让人焦头烂额的事后，拍拍网也正式对外宣布完全免费3年，还继续加大力度推出“蚂蚁搬家”二期活动，为卖家提供更多优惠服务。有评论认为，这些举动预示着腾讯靠加大力度培育市场来普及并做好电子商务的决心，而且其发展速度之快令人不可小觑。拍拍网在很短的时间内改变了C2C的格局，让其变成三足鼎立。腾讯公司电子商务部总经理、拍拍网负责人湛炜标谈道：“在宣布3年完全免费之后，拍拍网将继续加大市场推广和产品创新的力度。我们希望通过进一步降低门槛，为广大用户提供更好的C2C交易环境和创业平台，培养更多的网购买家，并帮助卖家促成交易，为用户打造高品质的在线生活。”

第六节　搜索暗战，你方唱罢我登场

1. 搜索时代：兵家必争之地

提到搜索，你会想到哪家网站？毫无疑问是百度。百度搜索的成功不仅成就了李彦宏，成就了中国搜索的一个时代，同时也改变了一代人上网的习惯。与其他很多领域一样，当腾讯的大门户构想涉及搜索领域时，中国互联网早已进入一个竞争激烈的搜索时代。即使如此，从全球的搜索市场来看，其仍然有着非常巨大的发展空间。

每种不同类型的互联网必然有其赢利模式。百度的搜索做得相当成功，不过说起它的赢利模式，很多人都不了解。它的主要赢利模式是竞价排名。搜索最大的价值在于什么？就是它能提供海量的信息。而竞价排名说白了就是一种新型的广告，竞价高者能在搜索关键词中获得高位置。这种模式从2000年开始就有美国网站采用，百度也采用了这种赢利模式。竞价排名的收费标准就是点击量，没有点击量的排位是不收取广告费的。而在某个关键词的广告里，排位就是按照每次点击支付价格来进行的，最高的排在最前面。

李彦宏是这一代互联网创业者中最典型的代表。他从国内顶尖大学毕业，赴美国留学，再回国创业。1999年，在美国事业已经做得不错的李彦宏带着美国的风险资金回国，与好友徐勇一起创业。当时网络搜索领域远没有现在火热，李彦宏却独辟蹊径选择了它。在百度最困难的时候，正是企业竞价排名给它带来了新转机，从此百度渐渐开始赢利。并且很快，百度便在独立搜索引擎市场名列全球第二，在中文搜索引擎市场名列第一。

在互联网世界，任何一家企业想要永久占据市场是不可能的。虽然各大公司都比百度起步晚，但它们对搜索领域从没放弃过努力。

早在2003年，新浪便宣布将与国际搜索引擎巨头Google合作，推出国内首家全方位的搜索平台，成为当时国内唯一使用Google搜索引擎服务的大门户网站。搜索服务升级给厂商带来的价值也迅速增长。新浪就曾大方地表示，搜索服务每年的收入增长可超过50%。之前Google在中国一直是与代理商合作，比如国内的门户巨头新浪、腾讯等。直至2005年，Google才正式进入中国市场。进入中国市场之后，Google也需要就本土化的问题进行一些改变。Google的实力还是十分强大的，它的数据库收纳能力是很多国内搜索引擎不可与之相比的。

网易公司在2004年7月2日对外宣布，他们已与全球最知名的搜索服务商Google达成合作协议，双方将共同在我国提供搜索服务。网易成为继新浪之后，第二家与Google合作的门户企业。

2004年8月3日，搜狐公司也推出了拥有独立知识产权的搜索引擎服务——搜狗。据介绍，以搜狐和雅虎为标志的第一代搜索引擎依靠人工分拣的分类目录搜索。以Google和百度为代表的第二代搜索引擎依靠机器抓取，其建立的以超链分析为基础的网页搜索，优缺点并存，虽然信息量大、更新及时，但是返回信息过多，可能有很多无关信息。换言之，搜索技术仍有很大的进步空间。因此，下一代的竞争就看谁能快速突破搜索行业的技术壁垒了。

搜狗引擎就做了不少第三代互动搜索技术的尝试，并且以购物搜索功能作为主打特色推出。为了给搜狗做宣传，搜狐甚至发出了10万年薪寻找“代言狗”的搜集令，在狗年出任搜索的形象标志。整个选拔过程在网络上进行，让网民投票决定搜狗的“代言狗”。

2005年，阿里巴巴宣布收购雅虎中国。雅虎搜索是全球知名的搜索引擎，也是行业先锋，拥有非常强大的搜索技术和开发能力。但是出乎意料的是，雅虎进入中国之后，严重水土不服，几年的时间发展都不顺利。因此，雅虎开始由马云接手。马云抛出豪言壮语：“阿里巴巴在搜索领域既有决心更有信心，从今天起，在中国，雅虎就是搜索，搜索就是雅虎。”

雅虎改头换面，其门户消失，首页只保留了搜索引擎。马云透露，雅虎投资了10亿美金来改造搜索，而且还将1000台搜索服务器（全部服务器）搬到了中国。一年之前，雅虎已经搬来了1000台服务器，这已使能搜索到的中文页面数大幅提升。2006年，马云更是说，他现在的首要任务是把雅虎中国打造成中国第一的搜索引擎。他认为，搜索引擎是中国互联网产业竞争的下一个主战场。

此外，国内的新浪搜索引擎爱问也宣布独立，加入搜索战场。在这一战场上，本土和国外巨头摩拳擦掌，各展所长，让搜索领域的竞争变得格外激烈。

2. 腾讯搜搜：大门户的必然之路

门户网站越做越大，功能越来越多，这是不可避免的趋势。各大门户都在争相开发新功能，为门户增加更多竞争力，而搜索已经成为门户发展必不可少的一环。就在各方热火朝天地争夺搜索市场时，腾讯并没有大的动静。但腾讯习惯后发制人，再加上那些年腾讯的业务扩张越来越多元化，对于这场争夺战必然不会坐视不理。所以腾讯加入搜索市场，也并不让人们感到惊讶。

腾讯在搜索领域毕竟是新手，还没有独立研发引擎的能力，因此为了做搜索，腾讯开始韬光养晦。

2005年年初，腾讯与国际搜索巨头Google合作，为国内提供网页搜索服务。与此同时，Google的网页搜索也嵌入腾讯的服务，包括QQ即时通信的客户端、网站、TT、TM和腾讯通RTX。这是一个互利共赢的学习过程，一方面可以增加腾讯的用户黏性，促使腾讯学习Google的搜索技术，另一方面Google也可以利用腾讯的大量用户拓展市场。这次合作再次体现了马化腾稳健经营的特点以及腾讯对搜索市场的探索。与Google合作绝不是腾讯发展的终点，其最终目标必然是推出独立的搜索引擎。

2006年3月2日，腾讯正式推出了SOSO网，开始独立运营搜索业务，致力于为用户提供更丰富、更便捷的互联网应用服务。SOSO网相关负责人表示："将致力于打造一个精准化、个性化、社区化的创新搜索平台。"腾讯公司联席CTO熊明华说"我们是做绿色的商业化的平台"，他还表示"SOSO的搜索结果里面不会有一项是广告"。

SOSO的特点在于综合了腾讯公司的特色产品、服务，以及基于用户特点所提供的多层次的信息服务。虽然SOSO整体布局和Google等搜索网站差不多，但特点和创新还是有不少的：综合搜索，用户可以一次性地搜出符合关键字的网页、图片、音乐、论坛等所有内容；天气预报功能，在鼠标移动到工具条右侧时，就会自动弹出本地的天气情况；将鼠标移动到工具条上的小耳麦图标处，会自动弹出歌曲名、歌手、专集等信息；通过SOSO，用户可以实现对QQ群、QQ空间等资源的搜索；SOSO工具条上还为使用者们提供了在线词典功能，点击图中的小喇叭图标，可以听到朗读单词的发音；拖拽搜索功能，只需用鼠标选中源内容，然后拖拉到页面中的空白位置，就可出现搜索结果。

正如腾讯内部对SOSO的介绍："与时下几个知名搜索引擎相比，SOSO网更加专注于满足用户，尤其是年轻用户的实际需求。”这与腾讯致力于为用户提供一站式、全价值链服务的“在线生活”理念是一致的。

2007年5月，腾讯与Google中国正式达成合作协议，由Google为SOSO提供技术支持。

搜索市场的多元化，已经决定了个性化是竞争的不二法门。要想个性化，闭门造车是不行的，取经是常事。马化腾毫不讳言SOSO的成立借鉴了韩国门户网站的经验：“我们的思路之一，就是借鉴韩国门户NAVER的综合搜索，它最大的特点就是能体现出沉淀，如输入‘达·芬奇密码’关键词，其搜索结果除了显示传统搜索引擎的链接之外，还会出现与此有关的‘专题页面’，同时配有图片、电影导演介绍、评论以及社区搜索结果——这种搜索既体现了人力的维护结果，同时又有搜索引擎的配合。”

腾讯和Google的早期技术合作虽然短暂，但对于腾讯来说，进行本次合作十分明智，为其独立开发自己的引擎积累了不少宝贵经验。在商业模式上，SOSO也遵循了行业习惯，同样使用竞价排名，而且是与其合作伙伴Google进行合作的。

2009年9月3日，SOSO搜索结果页面已经去掉“以下结果由Google提供”字样，表明SOSO已改用自主研发的搜索引擎技术。而之前，SOSO一直是由Google提供技术支持的。2009年 9月，SOSO切换了Google的搜索引擎，其自主研发的网页搜索引擎上线。2009年11月1日，腾讯搜索推广正式上线，不再使用Google Adsense。

2010年4月2日，腾讯宣布成立SOSO搜索事业部。此时SOSO已完成25个独立产品、35个腾讯业务搜索，同时布局了网页搜索、垂直搜索、社区搜索、腾讯业务搜索、无线搜索、客户端产品六大产品线。

2011年12月26日，腾讯SOSO地图街景服务正式上线，成为国内首家推出高清街景地图的在线地图平台。

2012年5月18日，腾讯宣布对集团组织架构进行调整，将现有业务重新划分成企业发展事业群、互动娱乐事业群、移动互联网事业群、网络媒体事业群、社交网络事业群、技术工程事业群，并成立了腾讯电商控股公司。在此次组织架构调整中，SOSO业务被拆分，分别并入移动互联网事业群及技术工程事业群。此后，SOSO重新进行了事业群内部的组织架构调整，精简了组织的划分，重新分为搜索技术部、搜索产品部和社区搜索部。

2012年6月，微软与腾讯SOSO签署战略合作协议，SOSO成为微软Bing中文搜索显示广告和关联广告外部独家合作伙伴。2013年9月16日，腾讯宣布以4.48亿美元战略入股搜狗，并将旗下的搜索和QQ输入法并入搜狗现有的业务中，腾讯将持有新搜狗36.5%的股份。SOSO品牌就此消失。

虽然腾讯的SOSO在市场上并没有逆袭那些搜索巨头，几年时间里也经过了不少调整变动，腾讯又收购了搜狗替代SOSO，但是由于搜索引擎依然是门户网站里不可或缺的部分，因此SOSO这步棋是必下的一着。

第七节　“滴滴打车”：O2O抢滩大战

1. 联手巨头，抢占O2O市场

O2O即Online To Offline（在线离线/线上到线下），是指将线下的商务机会与互联网结合，让互联网成为线下交易的前台。这个概念最早来源于美国。O2O的概念涵盖的范围非常广泛，只要产业链中既可涉及线上，又可涉及线下，就可通称为“O2O”。主流商业管理课程均对O2O这种新型的商业模式有所介绍及关注。2013年，O2O进入高速发展阶段，开始了本地化及移动设备的整合，于是O2O商业模式横空出世，成为O2O模式的本地化分支。

O2O商业模式早在团购网站兴起时就已经出现，只不过消费者对“团购”这个名字更耳熟能详。团购是商家的一种临时性促销，而在O2O网站上的商家会一直“促销”下去。O2O的商家都是有实体店的，团购则不一定。

二维码的出现，为移动运营商进军移动互联网提供了很好的契机。马化腾曾指出过移动互联网上的新机会——“首先，基于手机QQ和微信，我们做了大量跟LBS有关的服务，目前我们每天调用LBS的接口数字已经增长到高达7亿，这是非常惊人的数字。其次，二维码将是腾讯整合线上和线下业务的关键入口。”“通过手机终端，可以实现过去PC很难做到的跟现实中的它后端蕴藏的丰富的网络资讯（的互动），用这个方式来结合。”

2012年，腾讯O2O携着2亿微信用户量、电商以及支付功能高调入市。随后，腾讯旗下的第三方支付平台财付通宣布，正式展开与微信的合作。二者的合作就是依托微信的摇一摇、二维码扫描等功能，开发出具有针对性的支付方式，实现O2O线上支付与线下商务的整合。财付通和微信捆绑建立了“微支付”，用户只要拍摄商品的二维码就可以进行购买和支付。二维码扫描与支付结合，实现了“即拍即买”。

腾讯的O2O并非腾讯首创。早在10多年前，比淘宝早得多的时候，O2O就已经出现了，但是一直都没有得到大范围的推广和认可。因为O2O能否成功的关键因素并非线上而是线下，价格的高低依旧是最后能否达成交易的决定性因素，线下的购买力决定了O2O这个行业的发展前景。而价格又是很难去控制和把握的，消费者很容易轻信一些虚假打折的信息而仅仅因为便宜来购买商品。

其实对于腾讯而言，要想在淘宝的强势压力下在O2O市场分一杯羹并非易事。从2014年起，腾讯就开始为其O2O业务寻求更好的发展之道，而之前发展平平的微生活业务也不得不面临解体。

2014年2月，腾讯高调宣布入股大众点评，腾讯内部开始着手清理冗杂的O2O团队，将一些做得不好或者开展不了的业务交给参股公司来做。首先就是大众点评，后续还有高朋等公司加入。大众点评计划将外卖功能与腾讯的微信结合起来，依靠微信海量的用户平台，大力推广线上外卖业务，并且投资“饿了么”和“大嘴巴”，以遏制阿里巴巴的O2O势头。高朋与腾讯的主要合作方向是负责推广腾讯的yeahwifi业务，并且计划在一年时间内铺设数万个wifi热点，以构建城市热点为最终目标。

微生活业务为何开展不顺以至于最后彻底解体？这是因为腾讯的线下资源远远不及其线上资源，虽然腾讯线上流量惊人，但是在开展线下业务时则是困难重重，非常吃力。在这种情况下，腾讯的线下业务常常就只好交给第三方公司来做。但是这样做，工作成果的质量往往得不到保障。因为这些第三方公司不仅仅接腾讯一家公司的业务，经常还会接好几家公司的线下业务同时做，导致腾讯的微生活业务一再地缩水。所以果断放弃微生活是腾讯在困境中对于O2O思路的转变，一来腾讯在线下不具备优势，二来腾讯在线上很难引来更为精准的流量。与其硬撑下去，不如干脆把资源开放给诸如大众点评这类第三方公司。

从微生活的结束到入股大众点评，再到电商领域的不断布局，我们可以看到腾讯正积极地在各个业务方面为自己瘦身。对于O2O业务来说，腾讯一直保持着“自己能做就尽量做，实在做不好就放弃，交给别人做也无妨”的心态，例如腾讯yeahwifi，本质上是腾讯自主研发培养的项目，未来是否能做大做强也是未知数，而与高朋的合作，无疑提供了更大的保障，腾讯对yeahwifi的未来发展也更有信心。

2014年年初，腾讯“滴滴打车”与阿里巴巴的“快的打车”在打车领域掀起了一场支付大战，随后腾讯又入股大众点评捆绑微信支付业务。这一系列的动作都向外界传达了一个重要信息，那就是腾讯极为看重支付领域的发展。

2014年8月29日，万达、腾讯和百度在深圳联合召开发布会，正式宣布在香港注册成立万达电子商务公司。马化腾现场致辞表示，3家企业都在积极推进，利用移动互联网来让更多的服务更加智能化，不光是零售，也不仅是文化，包括很多医院、金融、通信等行业都有大量发展O2O的机会。

万达电子商务公司于2014年试运行，2015年正式上线，一期投入50亿元，计划未来5年投入200亿元。万达、百度、腾讯将在打通账号与会员体系、打造支付与互联网金融产品、建立通用积分联盟、大数据融合、Wifi共享、产品整合、流量引入等方面进行深度合作。3家公司都是各自领域内的巨头，如果携起手来实现线上线下一体化，那将成为全国最大的数据联盟，资源和优势都将得到最大程度的整合，用户也能享受到前所未有的一体化体验。

有分析人士指出："腾讯和百度将帮万达更清晰地分析客户，并利用电商的技术和能力把万达客户的消费次数、额度与喜好等个性特征数据打通，形成闭合的数据，得出更有价值的信息与结论，进而指导实体商业调整。"

腾讯通过与万达的合作，将引入万达广场（包括影院、餐饮在内）不同类型的消费商户的订购和优惠券业务，这对于腾讯一直致力打造的基于线上生态圈的微信而言是非常好的机会，不仅能满足用户吃喝玩乐的需求，还能实现他们多种多样的消费需要。万达广场现在的支付方式仅仅为现金和POS机刷卡，如果万达绑定微信支付功能，那将大大增加微信支付的用户。当微信支付的覆盖人群达到一定量级，腾讯就可以顺势开展更多的电商和互联网金融业务。

腾讯的O2O业务开展以来，不能说是一帆风顺，但是在关键时刻，通过更具包容力的思维方式，一次次转危为安。腾讯一方面放开资源，另一方面联手巨头，对于O2O市场的抢占，它从未退缩。

2."滴滴"大战"快的"

2014年年初，阿里巴巴和腾讯为了抢占市场份额，展开了一场打车应用的大战，也就是大家所熟悉的"快的打车"（部分属于阿里巴巴所有）和"滴滴打车”（部分属于腾讯所有）的大战，在半年的时间里，双方一共消耗了几十亿元人民币。阿里巴巴和腾讯采取的方式就是，一方面自掏腰包请中国使用智能手机的消费者乘坐出租车，另一方面还慷慨补贴出租车司机。

虽然双方都投入巨资，但是都未取得压倒性的胜利。《2014年第三季度中国打车软件市场季度监测报告》数据显示，截至2014年9月，中国打车软件累计账户规模达1.54亿，其中“快的打车”以54.4%的比例占据市场份额第一位，“滴滴打车”以44.9%的比例位居第二。

相关数据还显示，截至2014年第三季度，“快的打车”覆盖358个城市，“滴滴打车”覆盖300个城市；相比第二季度，第三季度两大打车软件的人均启动次数均有所提升，显现出了在用户端软件黏性的提升，表明此前利用对乘客和司机的补贴来培养市场的方式已初见成效。“快的打车”的活跃用户人均启动次数为15.82次，“滴滴打车”则为12.55次，可见“快的打车”依然在用户黏性上保持了一定的领先优势。

虽然打车软件积累了大量的流量，但是在盈利上一直没有太大的起色，反而投资巨大。现在两大打车公司已经进入商务租车领域，试图将积累起来的流量变现。

到2014年11月，“滴滴打车”的成绩覆盖全国近300个城市，过亿用户，日均订单530万。如此巨大的用户量，对腾讯而言，已经进入吸引眼球、博取关注度的阶段了。现在它要考虑的是，经过“烧钱大战”，等到市场慢慢成熟之后，如何才能结出期待中的果实。既然无法一步登天，与对手的竞争也注定是长久的拉锯战，那不如静下心来寻找新的出路。

“滴滴打车”归根结底只是一个软件平台。虽然只要用户过亿就不可能找不到赢利方式，但是其核心竞争力还是建立在用户的需求、体验和产品的设计形态上的。“滴滴打车”一直将重点放在用户的本质需求上。比如说，对于司机和乘客而言，两者的需求是不一样的，那如何去了解他们的需求呢？他们对这种软件又有什么样的看法和建议呢？最初“滴滴打车”就是靠和他们一个一个面对面聊天来了解这些的。还有，“滴滴打车”的操作十分简单易行，界面颜色参考了路标和指示牌，设计成红蓝相间；订单页面上，只显示起点和终点，出租车司机只要看一眼就知道路线了，也就可以马上决定是否抢单了；如果上拉屏幕，就会展开地图，显示司机和乘客的相应位置，下面有语音提示或乘客的起终点。另外“滴滴打车”还推出了滴滴红包，这个灵感来源于微信红包。它也是遵循简单易操作的原则，只要点击就可以开始抢红包了。

通过“滴滴打车”和“快的打车”的对比可以发现，在两年的竞争和发展之后，二者开始慢慢呈现出两条不同的路线。尤其是在吸引用户方面，两者已经有了截然不同的方式和渠道。“滴滴打车”借助微信撒红包已经让用户形成了惯性期待，而“快的打车”则坚持着打车返代金券的福利。

“滴滴打车”的用户会在微信上与好友分享滴滴红包，而习惯了使用“快的打车”的用户，则都是在每次打完车后试一试手气，看看代金券有多少。不管是选择哪一款软件，用户都深深感受到两款打车软件的补贴福利，相比之前已经大大降低了。2014年一个“滴滴打车”的红包金额在0.1~2元；“快的打车”的返券则在1~10元。

二者现阶段都在积极与电信运营商合作，包括用运营商积分换取打车代金券、运营商为打车App用户提供流量、在运营商客户端提供打车App接口等。

另外，“滴滴”和“快的”都拓展了商务租车业务，向城市出行服务平台挺进。“快的打车”2014年7月推出“一号专车”项目，主打商务租车，收取服务费。8月中旬，“滴滴打车”公测了名为“滴滴专车”的业务，也是主攻商务租车业务。

“滴滴打车”CEO程维认为，人们生活的衣食住行里面，“衣食住”已经和互联网紧密相连，被互联网渗透、改变，现在只剩下“行”还没有完全被互联网影响，打车软件或许是让人们的“行”与互联网产生联系的破冰之旅。当然，这也仅仅是一个开端。

城市出行的范围非常广，除了打车和商务用车，还包括旅行、高铁、航班等。无论是酒店、旅行、航空软件，抑或是打车、租车软件，它们都有机会将关联性业务整合在一起，为消费者提供一整套更全面的服务。

“滴滴”的商业模式得以形成，跨越性的关键一步就是“滴滴专车”。只有迈开了这一步，今后“滴滴打车”才能不依靠广告来存活，进而实现腾讯梦想中的智能化交通出行体系。

第六章　全民公敌还是行业领袖？

腾讯一再和互联网同行发生冲突，其实是这些年互联网界乱象的一部分折射。中国互联网业内一直流行着一句话：“天下武功，唯快不破。”互联网世界瞬息万变，即使是非常大的公司，也不知道什么时候就会处于劣势，甚至被淘汰。正是这种危机意识让腾讯越来越勤奋，动作越来越多，却也得罪了越来越多的同行甚至大众。

互联网时代的舆论犹如洪水猛兽。当“抄袭大王”“全民公敌”这样的帽子不折不扣地盖在腾讯的头上，各种指责、批评之声甚嚣尘上的时候，马化腾紧锁眉头的同时，也不得不反思如何更好地适应市场规则，改变腾讯的形象，让腾讯在大众眼中不是一个只图名利的侵略者，而是一个负责任的大企业。

第一节　原罪：甩不掉的山寨阴影

为了抓住客户，迎合市场，各大公司都在不断推出新产品，开拓新领域。对于新的创业者来说更是如此。他们急于做出一个受欢迎的产品，迅速赚钱。可是创新所需要付出的时间和成本是巨大的，冒的风险也不小，所以很多企业并不愿意付出这么多。这一切，都让互联网的创新变得越来越难。

不知从什么时候开始，腾讯被安上了“抄袭大王”的名号。这或许是因为腾讯在这些年的扩张当中得罪了太多的同行，它的门户、网络游戏、电子商务、安全软件等，都无一例外地触及了同行企业的利益。更何况，QQ模仿ICQ所获得的巨大成功早已广为人知。山寨，似乎成了腾讯的原罪。

2006年6月，马云指责马化腾：“腾讯拍拍网最大的问题就是没有创新，所有的东西都是抄来的。”在拍拍网上线和淘宝竞争的时期，马云和马化腾走到了对立面。马云说：“我自己认为挖人很累，互联网同行竞争应该遵守一定的游戏规则，光靠挖人很难做到创新。”

新浪网的创始人王志东也曾批评马化腾说：“马化腾是业内有名的抄袭大王，而且他是明目张胆地、公开地抄。”王志东指的就是腾讯这些年的扩张史：QQ抄袭了ICQ；门户网站抄袭了搜狐、新浪、网易；网络游戏抄袭了盛大；拍拍网抄袭了淘宝。

2010年7月，在上海的某个游戏论坛上，千橡高管与腾讯高管相互调侃对方抄袭。

千橡互动首席运营官刘健在演讲中说，中国的社交游戏基本都在抄袭，“但是，”他特别提到腾讯，“如果你是腾讯，那抄是可以成功，但是绝大部分（公司）不是腾讯，要想赚大钱的话光靠抄是没用的。”刘健的调侃引来台下听众的笑声。随后，腾讯公司QQ空间产品中心总经理郑志昊也发表演讲，他颇有风度地微笑着回击：“在中国社交领域，千橡人人网是‘复制’Facebook最成功的公司。”

搜狐公司也没有放过马化腾。2009年，搜狐旗下搜狗拼音输入法官方博客就公开指责腾讯QQ拼音输入法，称其抄袭和模仿了搜狗拼音输入法的诸多功能。同年，搜狐又发表文章指责腾讯浏览器严重抄袭搜狐的另一个产品——搜狗浏览器。该文章说：“腾讯产品抄袭行为由来已久，除了输入法、浏览器，腾讯在游戏、视频、网络安全等互联网其他领域的产品也存在抄袭同类优秀产品的嫌疑，在行业内引起了相当恶劣的反响。拥有海量用户群的腾讯公司‘以抄袭代研发’，继而‘以用户促推广’的行为，不但对行业发展不利，而且会造成恶性循环及不正当竞争。当抄袭成为习惯，创新的动力和良性的发展氛围将不复存在，无论对腾讯，对整个产业，还是对所有的互联网软件用户，都将是有百害而无一利的。”

其实，马化腾知道，让腾讯遭受指责的抄袭现象在行业内普遍存在。这些针对他的指责也未必是因为他的抄袭，而是为了阻止他日渐扩张的步伐。

Talkbox的创始人郭秉鑫认为，腾讯的微信虽然有抄袭之嫌，但其产品的确能吸引用户，给了用户比较好的产品体验。他说：“抄作业也分理解着抄和完全照抄，微信是会抄的，不然也不可能有今天。”其实，他也算得上是腾讯扩张的利益受损者之一。当他的团队创造出Talkbox这一移动语音软件时，腾讯也曾经找他谈过收购。他当初并不想卖掉自己的产品，不过最后还是在众多投资者中选择了盛大。当雷军的米聊、腾讯的微信占领大部分市场的时候，Talkbox的用户锐减，前景暗淡了下来。想必郭秉鑫内心非常后悔，“如果当初我们同意了腾讯的收购，事情肯定不是这样。”至少他可以拿到大笔收购资金。

在腾讯抄袭网易客户端这件事在网络上被热炒以后，腾讯再次成为被抨击的目标。《水果忍者》创始人陈昊芝说：“青岛的一个小孩做了一个页游，产品在测试期间遭到了腾讯的山寨。那个小孩向我哭诉，腾讯的那个产品收入很好，自己的产品还没被人知道。”他认为，国内公司已经习惯了抄袭，“上行下效，当市值最高的互联网公司以抄袭为己任的时候，创业公司还会觉得抄袭可耻吗？他们会觉得这是成功的捷径”。

随着互联网的发展，创新的门槛越来越低。伟大的创新大都不是出自大公司，而很可能是出自某个实验室、某个小公司。他们没有考虑很多商业因素，只是为了创新而创新。可是国内的创业者很少有不为商业利益而创业的，那谁来创新呢？以前是腾讯山寨小公司，现在是小公司之间互相山寨。

在这样的市场环境下，创新者甚至被认为“不识时务”。腾讯又该怎样行动，摆脱“抄袭大王”的指责，用创新证明自己作为行业领先者的风范呢？

第二节　唯利是图的QQ？

2001年，QQ的用户群体已经非常庞大和稳定了，而腾讯在中国即时通信行业的垄断地位也逐渐形成。就在这时，马化腾做了一个事后让他非常后悔的决定：QQ收费注册。

这一决定使QQ在即时通信行业的垄断局面遭到破坏，并且腾讯受到了非常多的批评。马化腾刚刚尝到一点收费带来的甜头，就快被批评者的唾沫给淹没了。TOM副总裁冯钰明确指出：“即时通信能大大增加门户网站用户的黏性。”直到马化腾意识到这一收费行为对用户黏性的损伤有多大时，他才及时止损，并且吸取了教训。

其实，当腾讯度过了互联网的寒冬期以后，公司虽然不缺钱了，也探索了一些QQ赢利的新模式，但是当时QQ的收入依然仅限于短信等无线增值服务，开辟新的赢利渠道无可厚非。也许马化腾自己也有些许无奈，毕竟腾讯最大的价值就在于用户的忠诚度。如果因为用户数量庞大便注册收费，似乎有点杀鸡取卵的意思。

“QQ 已经成为国内即时消息软件的事实标准，巨大的市场惯性使得其他软件很难轻易撼动 QQ 的地位，QQ 即使收费，用户规模也不会受到致命的影响。”马化腾曾说。当时的 QQ 在国内即时通信市场上的确处于绝对垄断的地位，马化腾对自己的产品充满自信是理所当然的。当时 QQ 在线人数已经达到上百万，注册用户几千万，这不是国内那些在线人数仅有几千的软件所能比的。

马化腾的判断似乎并没有错。腾讯这次的收费政策和曾经的改名一样，非常低调，在用户那里没有引起多大反对。毕竟，一两元钱不是什么大数目。到 2002 年，QQ 已经基本停止免费注册。而 QQ 网站公布的注册用户数量仍在增长，注册收费带来的利润应该不错。

没想到的是，媒体中出现了不少反对的声音，这也逐渐让用户对腾讯的收费做法越来越反感。这是不是媒体的煽风点火造成的，还真说不清。尤其是 2001 年，《精品购物指南》上出现的一篇题为《要学邮箱注册收费，腾讯上演东施效颦》的报道以及佚名网友写的《腾讯 QQ，你做得太绝了》的文章，让腾讯备受舆论的指责，许多用户也开始有了抵制腾讯的情绪。

《要学邮箱注册收费，腾讯上演东施效颦》一文，对腾讯的收费进行了毫不留情的批评，通篇文章充满了讥讽味道：

要学邮箱注册收费，腾讯上演东施效颦

编者按：从网上注册新的 QQ 号码屡试屡败，用手机注册则不到 10 秒钟就完成了。腾讯公司在沉默了一段时间之后终于承认，注册失败是由他们在技术上的限制造成的。但是，限制之后带来的收入与失去人心到底哪个更重要，恐怕腾讯公司并没有算计好。

也许是现在的网站都太急于赢利了，腾讯公司竟然打起了注册的主意，对页面注册进行了限制，想把人们都推到用手机花钱注册的路上去。但是腾讯太高估了自己，也太高估了它的用户。它想学习电子邮箱注册收费，结果却成了东施效颦。

页面注册失败，手机注册太快

在页面注册屡试屡败的情况下，记者决定用手机来试一下。手机注册有两种方法，记者选择了第二种，即在网上输入手机号码。输入号码，点击“确认”后，新打开的页面还没显示出来，也就是说不到两秒钟的时间，记者的手机就收到了腾讯公司发来的要求确认的号码。在页面输入确认号码后，又是页面没有打开，记者已经收到了腾讯公司发来的新的 QQ 号码和密码。用手机注册花费的时间总共不到 10 秒钟。

限制注册，从 2 月份就开始了

腾讯公司限制用户网上注册，实际上从 2 月份就已经开始了。注册人数最开始是限制到 80 万，然后慢慢限制到 60 万、40 万，直到 20 万。即使腾讯开通了手机注册业务，每天从页面发出注册请求的用户也超过了 80 万，到了周末甚至达到上百万。

腾讯市场部的朱达新说，国外一些类似的公司，如 ICQ 等，每天的注册量都在 10 万左右。如果每天页面申请注册的人不再那么多，页面注册将会逐渐放松，这个数字是 20 万～30 万。

腾讯的限制还不止如此。除了限制注册，还限制用户加好友的数量。以前，好友名单的数量是没有限制的，但是最近好友名单里只能保留 200 人。所以，如果你的好友多，你就只能再申请新号码，申请新号码就要再付费。名单满了，再申请，再付费。如此循环往复，腾讯公司的收入可真是源源不断了。有人讥讽道，腾讯公司还真大方，每个好友名单给200个名额，如果变成20个，收入岂不是更多！

页面注册根本不能通过

根据朱达新的介绍，我们似乎可以这样理解，除了用手机注册外，每天还有一定的用户可以通过页面注册。但实际情况是，页面注册根本不可能获得通过。记者在早、午、晚、夜4个时段各花了20分钟从页面注册，但是全部失败。因此，我们有理由怀疑，腾讯公司已经在服务器上对页面注册进行了全面的限制。要想申请新的QQ号码，只能花钱用手机注册或者打168声讯电话注册。

更有甚者，在腾讯公司的首页根本找不到页面注册按钮，只有手机注册的按钮被放在明显的位置。“恢复页面注册”也只能被看作一句应付记者的空话了。腾讯公司也许是想完全断了用户通过页面注册的念头。

腾讯公司在分成中拿了大头

据朱达新介绍，腾讯自从7月初开展手机注册业务以来，每天的手机注册用户数量在一万左右，通过168注册的用户每天有几千人。如果按照9月20日之前的标准，手机注册一个号码的费用是5角钱的话，手机注册业务每天的收入是5000元，一个月的收入是15万元。但有业内人士统计，腾讯公司在推出手机注册业务后，每月的收入在1000万元左右。

在记者问到腾讯和运营商的分成比例时，朱达新表示不便于回答。但是记者了解到，在手机用户注册号码的过程中，腾讯公司发给手机用户的确认短信也是要给运营商付费的，二者的分成比例是在去掉这些成本之后确定的。因此，从这个角度讲，腾讯公司在分成中还是拿了大头。

但即使每个月的收入全部都给腾讯，也不过区区十几万。也许腾讯公司算的账和咱们算的账不一样。腾讯公司的底线是每个月 20 万~30 万的用户，平均一下，按照 25 万来算，每天的收入是 12.5 万元，一个月（30 天）的收入就是 375 万元，这个数字就很可观了。但腾讯实际的收入显然和其测算的数据相差甚远。腾讯公司太高估它的网民的忠诚度了，也太高估它的网民的心理承受能力了。人们也许的确不在乎注册花费的 5 角钱，但人们很在乎信誉、情感。

腾讯高估了 QQ 的魅力

网民对腾讯的做法很是伤心和恼火。有网友说，我们已经容忍了腾讯弹出式广告条和窗口闪烁的广告，现在它又用这种做法来增加收入，事先也未有任何通知，实在是太不光明磊落了。

更有网友已经明确提出要放弃 QQ，改用 ICQ。如果 QQ 对网民来说真的有那么重要，那么每天用手机注册的用户应该和平时页面注册的一样多。因此，腾讯公司也高估了 QQ 在人们生活中的作用。

QQ 的确起到了即时沟通的作用，给人们带来了方便。但是对于大多数人来说，它毕竟只是用来聊天、娱乐的工具。且不说你收费了，我可以选别的种类的娱乐方式；即使是同类的聊天软件，国内国外也有很多，像新浪、网易都有类似的软件。因此腾讯公司的做法无疑是把自己的潜在资源推出去，推到别人的手里。

腾讯公司的紧急限制、强制收费是在各大网站宣布邮箱收费之后开始的，显得有点急不可耐，而且不计后果。好像有邮箱系统的网站已经开始赚大钱了，腾讯恨不得马上跟进，你有邮箱我有 QQ，你注册收费，我也可以注册收费。但东施效颦的结果是以失败告终。

有理由推测，腾讯会把任何可以收费的手段都使出来，那么最简单的就是以后发消息也要收费。如果按照这个趋势发展下去，那么，你还会用QQ吗？

腾讯公司在不恰当的时候，以不恰当的方式，在不恰当的项目上收取费用，遭到了网民的非议。也许，腾讯该反思一下了。

这篇文章带来的不良反应实在太大，腾讯不得不做出回应。针对《精品购物指南》提出的质疑，腾讯于2001年8月22日发表了题为《致精品购物指南》的声明，指出上述报道中的一些与事实不相符的地方，如注册用户限制数量以及随意推测腾讯的运营状况等。腾讯更对QQ收费注册的合理性进行了解释：避免恶意注册，避免浪费资源。

而后，这一声明在网络上掀起轩然大波，更有网友撰文《腾讯QQ，你做得太绝了》。这一文章引起了很大的反响，看来腾讯这次是得罪了不少网友啊！

可以看出，几乎所有的抨击并不是在针对腾讯所获得的巨大利润，而在于抨击者认为腾讯的这种收费行为是一种垄断行为。因为在这种垄断的情况下，用户完全处于弱势，只能选择注册或者不注册。对于大部分用户来说，注册收费是一种强迫行为。在这种情况下，腾讯所攫取的利润让一些反对垄断的人觉得难以忍受。

不过，QQ的收费行为并没有因为激烈的反对声而停止。从2000年年底腾讯推出收费业务QQ俱乐部（后改名为“QQ会员”。QQ会员每月10元钱，黄钻每月10元钱。会员有一些特别的打包服务，可以使用二三十项功能）开始，到2001年2月开始对免费注册用户进行限制，再到2002年年底停止发放免费号码，腾讯非常低调却又非常坚决地逐渐将免费注册全部改为收费注册。从此，QQ进入了注册收费的时代。

就在用户们也习惯了QQ注册收费的2005年，一部分人意外地发现，QQ又恢复了免费注册。

已经获利颇丰的腾讯怎么会轻易放弃收费注册这一业务呢?显然，这绝不是马化腾忽然心慈手软，必然事出有因。一方面，腾讯实行了几年的收费注册，必然给其他同行更多的机会，让自己的垄断优势下滑。另一方面，马化腾体会到了得罪谁也不能得罪用户的道理。用户虽然处于弱势，但他们依然保留着表达不满的权利。

其中一个始料未及的新产生的问题就是盗号问题。盗号，顾名思义，是一种黑客行为，它盗取的是别人的账号。很多网络游戏账号有许多附加值，级别高、装备多的账号在网络市场上还值不少钱，因此盗号现象自然出现了。马化腾没有想到，收费并不高的QQ账号会成为许多黑客盗取的目标。盗号直接威胁的是用户的利益。当用户被盗号的时候，会感到非常恼火，同时也会对腾讯感到失望。网络上盗号最猖獗的时候，在网上就能下载到盗号的黑客软件。

面对这一严重威胁用户体验的问题，马化腾不可能坐视不理。他认为这是对QQ最大的威胁。一方面，他借助于法律，起诉过一部分盗号猖獗的黑客;另一方面，他专注于QQ防盗系统的建设。

2011年，马化腾在接受采访解释开放性平台时曾说，盗号是一直令腾讯头痛的问题:“我们希望把QQ账户打造成一个OpenID——通用的文本ID，QQ的账户在国内来说，应用最广，使用量最高，做这个比较合适。但我们最担心的是安全性的问题。其实过去几年来，我们一直承受盗号的压力，最高峰的时候一天被盗取10万个号码。我们的压力很大，担心其他地方的网站泄露用户的密码，甚至包括黑客用钓鱼网站来引诱客户输入账号密码，造成账号丢失。因为最担心这个问题，所以在开放之前，我们做了大量准备工作，包括对账号异地不正常登录的检测。一个正常用户使用QQ，我们有一套模式可以将其显示出来，白天晚上的登录地几乎都是固定的。一个深圳的账号如果突然在河南、西藏登录一次，这个就是异常登录。”

不收费，盈利没法实现；收费了，既被大众批评，又要面对盗号带来的威胁，这一小小的收费尝试真让马化腾头疼！

第三节 IM 垄断者受到的威胁

早期的 QQ 所向披靡，一举夺得 IM 市场的垄断地位，可以说是得益于天时地利人和。而时至今日，其垄断地位依然如此稳定，就绝不是简单的事了。除了 MSN 这个外来的入侵者，国内 IM 界的后起之秀也不少，各大门户也都曾经纷纷试水 IM。好在，马化腾挡住了这些冲击。

不得不承认，正是腾讯的注册收费政策给这些竞争者们带来了可乘之机。就在腾讯数收费政策带来的钞票数得手软的时候，中国一下子冒出几十个即时通信产品，腾讯的用户不可能不因此遭到分流。

市场上也有不少对腾讯垄断的指责。马化腾说："在搜索、电子商务、安全等领域，都出现了市场份额占七八成的公司，垄断并不应该根据市场份额来判断，而应根据是否依靠市场份额的优势做垄断的事情来判断。"在 IM 领域，腾讯虽然处于垄断地位，但其他公司的发展势头也很猛。

在 IM 领域，目前中国第二大软件仍然是 MSN。从全球来看，它是最强势的，但在中国范围内，它只能屈居第二。从一进入中国市场就和 QQ 走着差异化路线的 MSN，现在的用户依然是商务人士。谁让 QQ 的路线太过于娱乐化、年轻化呢？在很多办公室里，QQ 是被禁止使用的软件。

各大门户网站的 IM 一直是一个必不可少的项目，虽然其影响力远远比不上门户本身。这些门户网站并不甘心让腾讯一家牢牢占据 IM 市场。腾讯的收费政策让这些网站感觉到机会来了。机不可失，时不再来，各大门户网站凭借着自身强大的实力，开始攻略城池。

雅虎通是一款在全球能算得上是MSN对手的门户型IM产品，但在中国它依然远落后于QQ和MSN，只能排到第三。不过它集各款软件优势于一体，并且与搜索产品结合，将搜索推向桌面，具有自己独特的优势。

网易的丁磊打造的网易泡泡，在IM市场也算是获得了不小的成功。在腾讯开始收费以后，丁磊顺势推出网易泡泡。具体来说，网易泡泡是由网易公司开发的一款免费的绿色多媒体即时通信工具。它支持即时文字聊天、语音通话、视频对话、文件断点续传等基本即时通信功能，还提供邮件提醒、多人兴趣组、在线及本地音乐播放、网络电台、发送网络多媒体文件、网络文件共享、自定义软件皮肤等多种功能，并可与移动通信终端等相连。网易凭借自身的用户基础优势，让网易泡泡在短短一年内（至2003年年底）拥有了超千万的用户。

搜狐也用行动证明它没有放弃IM市场。搜Q，是由搜狐公司为用户提供的在线即时通信软件。搜Q除具备一般即时通信软件的常用功能外，最突出的一点是更为贴近用户的人性化设计，如提供多种独具特色的动作、多款软件皮肤、不同风格的消息窗口背景、电击提醒对方等。

2004年7月1日，新浪公司宣布，正式收购朗玛UC，并更名为“新浪UC”。时任新浪首席执行长的汪延表示，“即时通信服务的加盟将大大提升新浪用户的社区体验。新浪此次收购的目的在于将已有的网络和无线服务推介给广大的即时通信服务用户。”早在2003年，新浪自己就推出过IM软件“了了吧”，可惜的是其发展势头并不乐观，但此次试水让新浪在IM方面积累了足够的经验。它收购UC的主要原因是看中了UC当时8000万注册用户以及20万同时在线用户。UC也没有让新浪失望，其在各方面充分利用了新浪的综合优势，在移动增值业务方面表现出色。

2004年11月16日，TOM在线与全球著名的即时通信公司Skype合作发行了Tom－Skype。这也是国内门户网站与国外即时通信公司的首次正式合作。

2005年，盛大公司也推出了中国第一款网游即时聊天工具——圈圈。它主要针对玩家群体，在普通的IM软件功能之外，还加入了形象设计等功能，更具娱乐性。而且盛大圈圈依靠其庞大的游戏用户基础，一经推出就吸引了数量庞大的玩家。有市场分析师指出，盛大圈圈的娱乐性很强，其用户群和腾讯的用户群相近。盛大推出圈圈也很像是一种抢地盘的行为。

2006年6月26日，曾经的新浪CEO王志东创办的点击科技正式推出即时通信软件产品——Lava－Lava。他希望自己的软件能聚合广泛的互联网资源。这个软件略为新奇的名字来源于某个原始部落。王志东在Lava－Lava中融合了P2P（点对点）传输技术，主要和一些互联网公司、企业合作，通过给它们提供即时通信平台来获得收入。

各大门户真可谓铆足了劲，各显神通，在即时通信领域都付出了不少努力。它们都具有自身独特的优势，任何一个的增长势头都让人不可小觑。虽然马化腾曾公开表示，除了MSN，没有哪款即时通信软件能对腾讯造成什么威胁，但是看似弱小的对手也可能忽然变得强大。这些即时通信软件背后的“娘家”太有实力，说不定什么时候它们就会杀出重围！

各大门户发展强劲，再加上收费政策带来的许多不稳定因素，使马化腾感觉到了一定压力，他当然不会继续坚持注册收费，坐视自己的市场被蚕食。

第四节　得失之间，会犯错，也会收复失地

1. 恢复免费注册：赢利有新招

腾讯想要收复失地，就必须恢复免费注册。但是它又不想丧失之前注册收费所带来的盈利，怎么办呢？马化腾想到的是开发新的赢利模式。而新的赢利

模式，必然要从QQ本身所具有的优势入手。QQ的用户群最大的特点就是年轻化。年轻人喜欢时尚、有趣味的事物，因此QQ的娱乐性功能依然具有巨大的开发空间。

马化腾曾说：“下一步QQ要强化休闲娱乐功能，同时坚持免费放号。”

无线增值业务是早期QQ的主要收入来源。当时腾讯的主要赢利点分为3部分：互联网增值服务、移动及通信增值服务和网络广告。其中互联网增值服务部分早期一直占到公司营收总额的50%以上。移动及通信增值服务内容具体包括移动聊天、移动游戏、移动语音聊天、手机图片铃声下载等。当用户下载或订阅短信、彩信等产品时，通过电信运营商的平台付费，电信运营商收到费用之后再与SP（移动互联网服务内容应用服务的直接提供者）分成结算。一般来讲，订阅产品的业务资费分为通信费和信息服务费两部分。通信费是占用电信运营商的网络资源所产生的费用，由电信运营商完全享有。信息服务费由用户使用SP提供的应用服务和信息服务产生，此部分费用一般由SP和电信运营商按照事先约定的比例分成。

腾讯在后来推出的新版本中，增加了贺卡、交友等增值业务。它还与中国移动动感地带进行合作，在手机卡中内置移动QQ。这一合作使QQ在移动领域具有极大的优势。手机QQ让最初简单的“PC对PC”聊天模式拓展出“PC对手机”及“手机对PC”等更多模式，手机QQ也使短信业务量有了大幅增加。有人说，移动QQ是腾讯走向赢利的第一步。

腾讯为了适应市场，也开始对短信业务进行调整。2004年新年期间，腾讯宣布：“在这喜庆的节日里，地址本还开展免费短信活动，让您不用花一分钱就可轻松发短信！另外还特地准备了精彩的节日短信内容，同样全部免费发送！让您轻轻松松地为您的亲朋好友带去节日的温馨祝福！（2月29日前免费发送）。腾讯TM和移动QQ同样免费，TM更将免费发送自写短信延期至2004年3月1

日。”而当时网易泡泡宣布泡泡短信收费，无疑让腾讯增加了许多竞争的砝码。

在互联网增值服务方面，QQ也进行了拓展。腾讯互联网增值服务的内容包括会员服务、社区服务、游戏娱乐服务三大类，具体业务包括电子邮箱、聊天室、交友服务、休闲游戏、娱乐及资讯内容服务、多用户在线游戏等。QQ还迅速推出了一款全新的产品——QQ秀。QQ秀是一种针对QQ用户的可以改变用户账号形象的虚拟形象设计系统。腾讯推出了多种道具和物品，包括虚拟的服装、饰品、宠物等，迅速吸引了不少用户的注意力，一时火爆异常。短短两个月时间，就有几千万用户已经使用过QQ秀了。不过，这些漂亮的衣服可不是免费的，需要花钱。对于时尚一族来说，QQ秀倒不是很贵，一件衣服、一顶帽子一两块钱，他们还是可以接受的。为了增加盈利，QQ秀服饰有一定的使用期限，收费的6个月，免费试用装3个月，这样才能让用户更新消费。

2003年，腾讯互联网增值服务收入达到其总收入的30%，其中QQ会员费、QQ行及QQ秀等的收入构成了互联网增值收入的85.2%，占了绝大部分。

到了2006年第四季度，腾讯虚拟物品销售收入为3853.8万美元，包括QQ秀、宠物、QQ空间和QQ会员的收入，占腾讯业务收入的42%，成为主要收入来源。QQ秀还推出了红钻服务，每月收费10Q币。红钻能提供更高级的QQ秀服务，所有的QQ秀产品都能免费使用，也可以让已有的QQ秀永久保留。近几年，虽然QQ秀没有当年那么火爆了，但为了回馈用户，从2010年开始，腾讯聘请专业设计人员设计免费QQ秀，并在2011年推出了相关软件——免费QQ秀大集合。现在的QQ秀已经是必不可少的一项服务，免费QQ秀是黏住用户的法宝。

在不断开拓新业务的过程中，腾讯也逐渐恢复了免费注册。2003年6月，腾讯公司借助庆祝移动QQ3周岁生日的时机宣布，新开通移动QQ的用户，可以获得免费长期使用一个QQ号码（无须支付任何包月费用）的奖励。2003年

8月，QQ宣布重新开放免费注册，但规定连续7天不登录收回号码，1周后更改为1个月不登录收回号码。

至此，腾讯QQ的注册收费风波总算告一段落。吃一堑长一智，后来的腾讯再也没有在QQ注册收费上动过脑筋。

2. 垄断争议：中国即时通信第一案

2006年，腾讯和掌中无限之间的一起诉讼案在社会上引起了关于垄断和反垄断的大讨论，这起案子也被称为“中国即时通信第一案”。

2006年5月25日，腾讯向法院提交诉状，称自2005年7月以来，手机即时通信产品的注册用户明显下降，导致营业收入大幅降低，最后查出是掌中无限的PICA软件可以让用户用手机登录QQ。因此腾讯控诉掌中无限公司未经许可非法进入QQ即时通信系统，侵犯了腾讯的财产所有权和软件著作权，并且构成了不正当竞争。

2006年10月，北京掌中无限信息技术有限公司（PICA）向深圳法院提起诉讼，以腾讯涉嫌垄断和不正当竞争为案由，请求法院判腾讯“停止垄断及不正当竞争行为，限期公开其阻碍互联互通的QQ即时通信系统通信协议”。

掌中无限在《北京掌中无限信息技术有限公司起诉腾讯公司的官方声明》里声称，腾讯拒绝互联互通的行为违反了《电信条例》及《反不正当竞争法》，构成垄断和不正当竞争。腾讯没有想到的是，自己提起的诉讼，反被对方利用，大做文章，甚至对方被媒体大肆炒作为“反垄断英雄”，在舆论中获得了不少支持。

这是国内第一起即时通信领域的官司，也是关于垄断与反垄断的法律之争。即时通信系统之间互联互通，是目前法律法规的强制性规定。根据掌中无限的说法，腾讯在即时通信市场上处于绝对的垄断地位，而QQ使用的非公开的通信协议中，刻意设置了和其他IM服务商互通的技术障碍，这种行为违反了《电信条例》和《反不正当竞争法》里的相关规定。

从腾讯的角度来说，互通互联会对自身造成非常大的威胁。如果无限制地开放，QQ 的利益必将被其他软件瓜分。这是因为，QQ 有许多盈利产品和敏感信息，包括邮箱账号、Q 币账户。互通互联会带来很多不安全因素，将直接威胁到用户的账户安全，也可能会让已经出现的盗号现象更加严重。不知道是不是因为这起诉讼和舆论的压力，2006年年底，腾讯宣布 QQ 将与中国移动 IM 软件飞信实行互通。也因此，腾讯在后来的法庭辩护中，声明自己是愿意实现互联互通的，以表明对垄断的态度。

2007年2月6日，北京市第一中级人民法院对此案做出判决：北京掌中无限信息技术有限公司（PICA），被判停止侵犯腾讯移动 QQ 即时通信系统的不正当竞争行为，同时一次性赔偿腾讯经济损失200万元。对被告“互联互通”的抗辩理由，北京第一中院表示，被告出于商业目的，无偿使用腾讯的系统资源提高其竞争力，故抗辩理由不成立。

关于此案的判决，中国政法大学知识产权研究中心副研究员张樊分析认为：“腾讯与 PICA 之间的争讼，反映出竞争日益激烈的 IM 市场上竞争的无序，北京第一中院的一审判决或许因为 PICA 的上诉而暂时无法生效，但已经昭示了司法机关运用诚实信用这个‘帝王原则’保护有序竞争的决心。腾讯在我国 IM 市场上独大的地位无可争议，与飞信的互联互通则提供了一个正当的互联互通范本。”相关法律人士也认为，本案的宣判为中国即时通信领域的健康发展提供了一个范本。

3. 虚拟货币争议：腾讯涉赌

QQ 游戏原本是让网民休闲娱乐的，没想到居然会跟赌博扯上关系。Q 币本是虚拟货币，却因此事引发了不小的争议。想做互联网上的水和电，腾讯就必须处理好这些危机。

2006年7月，有网民撰文《就腾讯涉赌致深圳市领导的公开信》，文章披露腾讯涉赌。同年11月，包括央视《新闻30分》《焦点访谈》等许多知名栏目，都在批评腾讯公司借QQ卡、Q点、Q币等虚拟货币变相进行网络赌博。一石激起千层浪，腾讯因此备受争议。

Q币是2002年5月由腾讯公司推出的网络虚拟产品，可以购买多项虚拟服务。QQ会员、网络硬盘、QQ音乐、订阅杂志、QQ游戏、QQ宠物等服务，都是用Q币支付的。此外，腾讯的产品中还有Q点、QQ游戏币等，它们可以跟Q币进行兑换，而1Q币的价格是1元人民币。因此，游戏中的种种游戏币最终是可以兑换成人民币的。

相关报道中提出，当时腾讯QQ游戏中有几类可以用游戏币下赌注，许多玩家在其中输输赢赢的量很大，累计起来并不是一个小数目。还有一些对战平台上的斗地主之类的游戏，虽然其输赢并不直接使用游戏币，却有“彩头”类的赌注，最后还是会根据输赢结果决定游戏币的输赢。此外，游戏币还可以在腾讯网站换取奖品，奖品包括数码相机、手机之类，但是其价格比市场价格高。例如某款电子产品市场价格为2000元，而腾讯的Q币兑换价格要高于2000Q币。这笔差价被认为是腾讯收取了。此外，还有腾讯官方从赌注中抽取游戏币的设置，每一局当中10%的游戏币，无论输赢都要被腾讯收取。腾讯被认为是从玩家身上毫不手软地敛财。

因此有人评论道:“由于腾讯能无限供应游戏币而不增加‘生产成本’，所以他们鼓励玩家购买游戏币可谓是无本万利的生意。”

“玩家利用游戏币赌博的过程，实际上就是在用人民币进行赌博。”某位接受CCTV采访的人说。腾讯对此声明，他们的Q币产品是中性的，有好的用法，也有坏的用法，玩家的用法并不能为腾讯所控制，有人用Q币做了违法的事并不能完全算是腾讯的责任。腾讯将Q币定位为“商品”，以和“虚拟货币”区别开来。从本质上来说，Q币是腾讯公司为便利广大用户推出的用于购买相关增值服务的支付工具。但在这一点上，有着不少的争议。

被央视报道过后，腾讯的相关游戏就消失了。2006年7月11日，腾讯取消了直接使用Q币兑现游戏币的功能，改为购买虚拟道具。2007年1月，腾讯全面关闭了玩家用游戏币回兑Q币的通路。

一位腾讯的游戏开发人员说：“2005年，我们开始研究如何在符合国家规定的前提下继续提供这个服务，我们专门邀请了法律顾问给开发人员上课。”腾讯的法律顾问给他们提供了建议：从人民币到游戏币单向流通，以此避免赌博嫌疑。游戏币在无法回流到法定货币的情况下，并不构成赌博。

关于腾讯涉嫌赌博的纠纷终于平息了。腾讯为开拓赢利模式而掀起的这一系列风波也给了我们不小的启示：作为企业，赢利是天经地义的，但是在赢利的过程中不能放下自己的责任感。企业不能做一些法律所禁止的事情，更不能通过损害公众的利益来谋取私利。从另一个层面来说，像腾讯这样的大企业，在发展过程当中难免会有一些管理上的失误，社会和媒体应给予更多的宽容和支持，不应让企业遭受不公正的待遇。

第七章　风云四起：多领域开拓疆土

俗话说："不想当将军的士兵不是好士兵。"马化腾对腾讯的设想从来不是只在即时通信领域称霸，他更关心腾讯在各个方向上的布局，以及在不断拓展的过程当中如何提升腾讯对互联网更大的影响力。

马化腾做门户后，让原本的三大门户格局彻底洗牌。随后他进驻搜索、网游、开放平台、电商等领域，也都做得风生水起。腾讯，为我们演绎了一个神话般的"帝企鹅"成长的故事。

腾讯的目标，显然早已不仅仅是赢利，而是成为足以改变互联网生态的标杆性企业。

第一节　全能门户，赢家通吃

1. 虎口夺食：三足鼎立格局早已形成

2003年11月20日，腾讯推出了测试版本www.QQ.com，标志着腾讯的大门户战略迈出了实质性的一步。这个域名的定位是娱乐型门户网站，以flash卡通片、横幅广告和腾讯公司的企鹅标识为特征，分为新闻、娱乐、时尚、体育、游戏、星座、笑话和聊天室等栏目。马化腾从没把QQ只当作一个简单的聊天软件，如此庞大的用户群，它身上可以挖掘的潜在价值太多了！比如在QQ这个平台上可以提供商务、购物和游戏等相关的增值综合服务。

马化腾的设想是实现门户业务多元化。业务多元化必然带来收入的多元化，也只有这样，腾讯网站才能得到长足的发展。不过多元化也有一定的劣势，那就是难以在某个方面取得突出成绩。为了规避这一点，马化腾依靠QQ本身的优势，将腾讯的门户定位在娱乐上。娱乐性本身就是腾讯固有的优势，再加上腾讯已经开发的无线增值、即时通信、电子商务，就能将腾讯跟当时已经存在的大部分门户区分开来，这是个很妙的想法。在推出门户网站之时，腾讯已注册用户2.26亿，活跃用户超过7100万，且以年轻人为主。

门户网站可借鉴的经验不少，但留有的发展空间似乎不多。最早的传统门户代表是Yahoo，后来以搜索为主打的Google、百度等门户逐渐壮大起来。各门户都有自己基本稳定的用户群体，用户重叠性并不高，各自有各自的空间。但是腾讯提出多元化门户的构想时，搜狐、新浪、网易这3个门户已经形成了相对固定的格局，它们在中国互联网界有着卓尔不群的媒体话语权。从2003年下半年起，几大门户先后宣布赢利，发展势头可喜。这3家门户网站业已发展成熟，都在美国纳斯达克上市，和美国资本市场有着非常紧密的联系。

1998年2月，张朝阳所在的爱特信公司推出搜狐，后来更名为“搜狐公司”。2000年7月，搜狐在纳斯达克成功上市。搜狐公司目前已经成为中国领先的新媒体、电子商务、通信及移动增值服务公司。在腾讯进入门户领域时，搜狐算得上是门户网站中的第一，但近几年其在门户网站中的位置有所下滑。

1998年12月，新浪网由王志东创立。2000年4月，新浪在纳斯达克上市。新浪网站以成为中国人的全功能生活社区为发展方向，提供了30多个在线内容频道，涵盖了国内外突发新闻、体坛赛事、娱乐时尚、财经及IT产业资讯等内容。新浪博客会聚了各行业的精英，吸引着上千万的粉丝，聚集了超强的人气。优质卓越的宽带互动视频也赢得了众多忠实的用户。近几年新浪最强势的是2009年推出的微博业务——一种微型博客服务类网站，类似于Twitter。几年的时间它就吸引了庞大的客户群，到2014年3月，活跃用户1.438亿，日活跃用户也有6660万。2014年3月27日，新浪微博正式更名为“微博”，与新浪网成为同一级别，并且于4月17日在美国纳斯达克正式挂牌上市。目前，新浪网在全球有6亿注册用户，已成为全球最大的中文网站，也是现在门户网站中的老大。

1997年6月，丁磊创建网易公司。2000年6月，网易在纳斯达克上市。邮箱业务是网易的发展重点。网易将邮箱与内容、博客、相册等优势产品相整合，打造出最具影响力的网上平台。2006年年底，网易推出自主研发的有道搜索引擎，包含网页搜索、新闻搜索、音乐搜索、桌面词典等，为用户操供了更便捷全面的搜索体验。目前，网易已拥有六大电子邮箱，用户已突破2.5亿。另外，凭借丰富的资源、创新的媒体理念、高超的互联网技术，网易巩固了其在门户网站业务中的领先地位。

门户网站的核心竞争力在于信息的及时传播、专题及热点话题的深挖，根本目的就是为了黏住用户，提升访问量和活跃度。对于腾讯QQ而言，其庞大的用户群，就是黏住用户的最直接因素。因此，马化腾对腾讯的门户有信心。

但是，媒体和外界似乎并不这么看。“门户网站的竞争日趋激烈，如果腾讯没有自己新的突破点，马化腾的目标就很难实现。”有分析者指出。虽然当时业界都认为三大门户很可能面临着重新洗牌，但是从即时通信转到门户网站的腾讯并不被看好。当时，TOM也在不断猛推“四大门户”的概念，大有取代当时的网易之势。时任雅虎中国总裁的周鸿祎更是放言要做“全球门户第一”。

更有专家写道：“前几年，全国性综合门户网站约10多家，它们都梦想成为数一数二的门户网站，结果都没能改变竞争格局，新浪、搜狐、网易一直位居前三。回顾这些大门户的发展，我们会发现先行优势与在位优势很重要。先行者成功卡位后，后来者很难超越。这一方面是由于网络新媒体有集约化趋势，后来者很难推出绝活儿，以拉拢新浪们的忠实用户；另一方面在于风险投资的介入和成功上市，使得新浪们现金充沛；此外，ICP（网络内容服务商）市场规模偏小，如果广告额增长没预想的快，后来者信心就会动摇。”在当时完全不被外界看好时，马化腾曾经放言：“我们会进入门户前三，前三中有一家会是新浪，另一家我不知道是谁。”这表明腾讯的门户战略就是冲着三大网站去的。他做到了，腾讯在短短的时间内就打乱了原有三大格局，让国内门户网站重新洗了牌。

2. 全面出击：多元化生活平台

马化腾将www.QQ.com定位为青年门户网站，建立大门户的构想很完整。“未来，在深度整合的基础上，腾讯将采取‘一横一竖’的业务模式，原有的即时通信工具和门户网站将从两个维度叠加互联网增值服务，形成三大主要业务：一是包括网络游戏在内的互动娱乐服务，二是包括多媒体、音乐、电子杂志等在内的网络内容服务，三是包括B2C、C2C、拍卖在内的电子商务。”“腾讯的目标就是要搭建一个网络生活平台。”马化腾如是说。门户是腾讯从未涉足的领域，想要做好，人才是关键。腾讯需要大量相关人才，所以马化腾开始了大规模的挖人和人才培养。为了建设在新闻方面比较资深的团队，马化腾从几大门户网站挖了不少人才。这样的前期准备果然十分奏效，腾讯迷你首页就是这之后诞生的一个非常优秀的创新产品。随时随地跳出的弹窗和迷你首页，直接点击便能进入腾讯网界面，大大增加了用户黏度。这样，庞大的QQ用户群体就有不少直接转化为腾讯网的点击者，这就是腾讯的实力。迷你首页比较新颖显眼，不易让用户反感。并且QQ下方的浮出消息能第一时间将一些重大新闻传达给用户，点击也可立即进入腾讯网站的专题。一个重大新闻，腾讯能迅速将其传播给上亿在线用户。可想而知，迷你首页带来的广告收入颇为可观。特别是腾讯开展地域性门户业务后，不同地区的广告都不一样，也增加了其收入弹性。

除了外观，腾讯网对内容的打造以及产品的拓展也用了不少心思，因为马化腾知道，要想真正留住用户，还是需要产品。www.QQ.com相继发布了8个内容频道，并且不断拓展新应用，包括QQ邮箱、网络电视、游戏平台、个人相册、网络杂志、搜索引擎，大大丰富了门户所能提供的产品。而且腾讯不断革新www.QQ.com的门户产品线，使之日趋完整和成熟。

自推出www.QQ.com以后，腾讯网迅速位列中文门户排行10强。到2006年6月，腾讯网连续一个季度流量稳居门户三甲。2006年7月，根据Alexa.com的排名，成立仅3年的www.QQ.com已成为中国流量第一的互联网门户，仅次于百度，位列中文网站流量第二。马化腾实现了他的豪言壮语，短短几年时间国内门户格局已经被打破。时至今日，三大门户的位置也证明他的预言是对的。

信息时代，网络媒体的地位越来越重要，尤其是在信息的传递速度方面更是具有极大优势。因此，门户网站在新闻媒体方面提升专题报道的速度和质量非常重要。除此，一次良好的合作能给门户网站带来巨大的机遇。比如，搜狐2008年与北京奥运会主办方的合作就很成功。中国互联网的权威调研机构艾瑞咨询集团的调查报告显示，搜狐在火炬传递期间是受众最集中的网络媒体，通过搜狐观看火炬传递的网民达到62.2%。这次奥运会，搜狐充分利用自身资源优势，开辟了搜狐电视。这次合作极大地巩固了当时搜狐门户网站第一的地位。

2006年举行世界杯，腾讯抓住了机会。腾讯为这次报道烧了不少钱，举办了很多别出心裁的活动，成效十分显著。对此，腾讯网负责人曾说:“这只是一个前奏，在世界杯期间，腾讯公司将会整合公司资源，通过更丰富的内容与形式报道世界杯，评论世界杯，与网友一起参与世界杯，争取为网友、球迷奉献更多的快乐。”这次抢占先机的活动大大增强了腾讯网在体育频道方面的实力。时至今日，腾讯体育依然牢牢占据着国内第一大体育频道的位置。

区域性门户战略也是腾讯的一次勇敢的尝试。2006年3月底，腾讯和《重庆商报》联合在重庆组建了大渝网，没过几个月日均访问量就超过百万，成为重庆地方门户 No.1。其实很多其他综合门户也尝试过区域门户建设，但因为没投入足够的资源而失败了。腾讯前期投资很大，但区域门户的发展证明其投入没错——区域门户的本地化收费服务不同于综合门户，撑起了自己的赢利模式。

一将功成万骨枯，腾讯是成功了，但是不知道多少同行倒在了冲锋的路上。下面看看当时和腾讯一样冲击门户前三的竞争者们：

当初拥有李嘉诚家族背景的TOM集团号称要做“第四大门户网站”，不惜重金收购了鲨威体坛，走专业新闻内容服务路线。后来它又推出网游神等业务，一度表现强劲，在2003年左右颇有成为四大门户之一之势。遗憾的是，后来三大门户重新融资，TOM集团的一些新业务开辟得也不是很成功，逐渐落后了。

联想也曾和国际著名的美国在线时代华纳合资成立公司，大推FM365.com。联想与美国在线分别向合资公司分阶段投资约1亿美元，初期各投2500万美元。令人意想不到的是，不到两年，FM365.com就几乎消失了，巨额的资金打了水漂。

雅虎中国前总裁周鸿祎在进入雅虎之前，就在专注于3721网站的建设，对此他有极大的热情。“因为中国人有这种需求，”他说，“我们在1998年有一个梦想，希望大家在网上不再用WWW，不再用一些奇怪的符号去访问网站，我们要让中国人用中文去访问网站。我们公司叫这个名字，当初也是因为想让所有中国人想起‘不管三七二十一’这句话就能想起我们。谈赚钱有点可笑，做企业就是要赚钱，但关键是怎么赚钱，如何持久地赚钱，如何让自己的公司成为一个有信誉的、真正为社会创造财富的公司。”2003年年底，周鸿祎携3721的整个团队进入雅虎中国。可是，雅虎的发展模式和周鸿祎设想的不同，它对门户不够重视。两年后，周鸿祎离开雅虎，开始创办奇虎360，并且有了后来的“3Q大战”。雅虎中国也被阿里巴巴收购了。

国际知名的投资银行摩根士丹利里曾有分析师给予腾讯很高的评价："腾讯是中国Web 2.0的领导者，而腾讯的核心优势在于庞大而有黏性的网络社区，还有用户自己创造的内容。在即时通信领域，就提升服务并从中赢利的能力而言，腾讯可能是全球的领导者。”高盛的某个报告也指出，腾讯在中国的互联网公司中是最有可能将沟通、门户、商务、搜索和支付5类业务进行最佳组合的。的确，腾讯本身的即时通信就占有优势，多元化的平台也打造得很成功。

江山代有才人出，各领风骚数百年。经过10年的努力，马化腾果然实现了他当初的设想，现在三大门户变成了四大门户，腾讯已经完全有资格和其他几个门户一较高低。互联网市场就是这么瞬息万变，下一步，谁又能成为行业大哥呢？让我们拭目以待。

第二节　开放平台，让天下没有埋没的才能

1. 国内最大的开放平台

腾讯开放平台是腾讯为广大开发者提供的一个大舞台。开发者可以利用腾

讯开放平台提供的各种Open API，开发出优秀、有创意的社交游戏及实用工具，通过朋友网、QQ空间、腾讯微博、腾讯游戏、Q+等多个社交平台带来巨大的流量和收入。腾讯开放平台自2010年2月第一批第三方应用上线以来，发展非常迅速：

2010年2月，首批第三方应用（摩天大楼、快乐宝贝、功夫英雄）上线朋友网。

2010年12月，QQ空间第三方应用月活跃账户数超过5000万。

2011年5月，腾讯开放QQ客户端，推出Q+开放平台。

2011年6月，腾讯合作伙伴大会在京召开，马化腾宣布了腾讯开放的八大战略，正式开启互联网开放之门。

2011年8月，第三方应用月活跃账户数突破1亿。

2011年12月，腾讯开放平台荣获由中国互联网协会年度评选的“最佳游戏开放平台”。

2012年2月，腾讯开放平台被行业评选为“最佳创业平台”。

2012年3月，召开腾讯开放平台开发者大会，并发布《互联网开放平台白皮书》。第三方应用月活跃账户数突破2亿。

2012年12月，腾讯开放平台应用创新大赛总决赛拉开帷幕。

2013年5月，召开腾讯站长大会；2013年中国互联网创新创业大赛启动报名。

2013年12月，腾讯开放平台的第三方开发者累计总收益超过50亿元。

2014年1月，启动移动开放战略，应用宝一点接入多平台分发。

马化腾曾在开放平台发布时指出：“外界认为腾讯是个封闭的体系，我可以给大家介绍一下，占腾讯一半收入的网络游戏这一块，有60%~70%是和合作伙伴共同开发、共同运营的，网络游戏的平台下面有非常多的游戏开发商、游戏运营商，有着很长的产业链。”“我们做了一些事情，但是并没有去总结，而且也没有更大程度地开放给一些中小企业和中小开发者，这值得腾讯反思，未来我们会更加开放，把整个平台提供给其他开发者，使他们顺利实现资源共享。”

马化腾在2011年6月腾讯合作伙伴大会上宣布的八大战略，道出了腾讯公司使命的变化，从做生意转变到了做生态。腾讯的目标也从过去的“建立一个一站式的在线生活平台”转变到了“一起打造一个没有疆界、开放共享的互联网新生态”。2011年腾讯开放平台开始迅速发展，该年上半年，有近2万个合作伙伴已经或正在排队等待接入腾讯开放平台，合作伙伴一款应用拿到的单月最高分成已突破千万元。2011年下半年腾讯开放平台月活跃账户数更是突破1亿。随后腾讯开放平台进入了平稳发展阶段，并且随着互联网的转向开始了新方向——移动互联网。

2. 移动时代：开放平台的新方向

在开放平台的建设过程中，腾讯始终坚持的是人才的培养，鼓励创新。

从2011年9月开始，腾讯就携手众多知名高校启动建设校企合作开放平台。腾讯与高校之间的合作是多元化的，合作开放平台是以培养中国互联网创新型人才为目标的。腾讯不仅面向高校开放了联合实验室、联合培养“创新班”、奖学金、“校园之星”创新大赛、创新俱乐部等一系列合作项目；而且在2011—2015年，投入总计不低于3亿元人民币对平台进行前期建设。

腾讯非常重视从高校引进人才，马化腾就曾多次说，“员工是腾讯最宝贵的财富，而优秀的学生人才则是公司发展的新动力”。因此，腾讯组织了不少次校园招聘，还开通了“腾讯招聘”的微博账号。腾讯联席首席技术官熊明华也曾说：“我们搭建校企合作开放平台的最终目标，是为中国互联网产业发展培养需要的创新型人才。这不是腾讯一家企业能完成的任务，所以我们需要拿出资源与广大高校合作，共建互联网新生态。”

创新，是开放平台的活力和意义所在。尤其是进入手机移动互联网时代，各种新的手机软件和创新应用层出不穷，竞争更加激烈。腾讯为了鼓励创新，还举办了开放平台应用创新大赛。

2012年年底，腾讯高级执行副总裁汤道生在腾讯第一届开放平台应用创新大赛总决赛上进行演讲时宣布，近几年，腾讯的开放平台将快速步入移动互联网的时代，帮助移动开发者解决用户引入以及移动支付等问题，是腾讯开放平台2013年的工作重点。其具体的内容包括为创业者打造PC与移动一体化的开放平台服务，实现无缝链接；全面开发云平台服务；进一步优化整个平台的生态；等等。同样是在这次总决赛上，腾讯开放平台总经理林松涛也提出，腾讯开放平台致力于打造4C生态圈。在此平台上，腾讯会更注重用社交的方式传播，而不是硬用广告的形式来表现。

2014年9月，腾讯开放平台“宝贝实验室”二期推出全新的互动评论功能，用户可以给应用开发者发评论，开发者也可以回复，还可通过发表时间和评价的星级进行筛选，是开发者与用户进行交流的高效通道。新功能互动评论能够帮助开发者建立有效的用户反馈机制，解决了之前开发者与用户之间缺乏沟通的问题，能帮助开发者快速处理用户对于应用的意见和建议，对于软件开发者提升产品的用户体验有着很大的帮助。

第三节　泛娱梦：成为中国迪士尼

进入移动时代后，互联网的市场变得更大，人们每天的休闲娱乐极大地聚集在手机上。各种应用层出不穷，游戏、文学、动漫、影视无所不包，移动互联网让人们的网络生活更加丰富。在各种热门应用抢占市场的时候，又有谁能将它们整合起来，穿成一条线，释放更大的潜力呢？马化腾意识到市场需要革新，于是提出了一个新的概念——泛娱乐战略。

2014年4月16日，在腾讯互动娱乐UP2014发布会上，腾讯公布了新的泛娱乐战略计划。腾讯宣布，将进一步增强旗下娱乐业务的整合与呼应，形成一条更加完善的产业链。腾讯的泛娱乐战略范围非常广，包括文学、动漫、游戏、影视以及周边产品等。

腾讯互娱在发布会现场正式宣布与迪士尼互动、梦响强音、软星科技、古龙著作权管理发展委员会分别就迪士尼旗下《复仇者联盟》、华语音乐综艺巅峰之作《中国好声音》、知名单机游戏《仙剑奇侠传》、著名小说《天涯明月刀》展开以多终端网络游戏开发为核心的泛娱乐合作。除此之外，腾讯互娱还携手金鹰卡通发布"洛克王国2014年泛娱乐升级计划"。这也标志着腾讯泛娱乐战略全新升级，正式开启以明星IP（即知识产权）为核心的"粉丝经济"。IP是腾讯泛娱乐战略的核心，腾讯打算从IP的明星化和跨领域运营入手。

腾讯公司副总裁程武在接受采访时提出："布局'泛娱乐'后，我们会在理念和战略方面考虑如何从文化产业、跨领域共生的角度开展游戏产业，以及可以延伸到哪些领域当中去。这就从业务的自然延伸变成了更主动的规划和思考。"

程武认为，腾讯做娱乐的优势主要有3点：第一个优势是腾讯用户平台有QQ和微信这样的超级产品渠道和用户社交平台；第二个优势是对于游戏这个典型的互动娱乐产品，腾讯已经研发运营了10年，积累了一系列方法论、经验和人才；第三个优势就是泛娱乐这个平台，无论是文学、动漫，还是游戏，都有共同的思维方式，通过多领域共生，可以创造更好的用户体验。很多公司可能通过投资，把不同的业务摆到了一起，但不像腾讯有这种强大的内生机制——包括合作意愿在里面。

2013年年底到2014年年初跨年之际，《全民飞机大战》在腾讯应用宝发布，一经推出立即引起强烈的反响，关注度飙升。它被称为"升级版的《飞机大战》"，强势登录应用宝后，为用户带来了更劲爆的游戏体验。

进入2014年下半年，摩根大通相关人士认为，腾讯连续不断推出手机游戏，说明腾讯的企业战略已经转向休闲游戏。摩根大通的分析师评论道："相对于2014年第二季度推出的中度硬核游戏，新推出的大多数为休闲游戏，而且有5个从第三方开发商那里获得了许可。这表明，腾讯将持续以有序的步伐推出休闲游戏，以推动手机用户增长；第三方游戏将占据腾讯手游投资组合越来越大的百分比；腾讯将在某种程度上抑制货币化，同时更多地关注用户体验与平台活动。"他们认为，从长期来看，腾讯有着巨大的结构性潜力，并且腾讯在吸引玩家方面很成功，一半的腾讯玩家只在腾讯的平台上玩游戏，而没玩过其他手机游戏。因此，他们认为腾讯一直在扩大中国手游市场的范围与规模。

其实，早在几年前，另一个互联网巨头也提出过类似的泛娱乐战略。不过，虽然当时他信心十足，最后却还是以失败告终。相比之下，腾讯有着无可替代的优势，那就是它有一个非常扎实的基础平台。

扛着"泛娱乐战略"的大旗，腾讯一步步走得很扎实，打造着中国迪士尼梦。

第四节　入股京东电商再起波澜

2014年3月10日，腾讯宣布和京东集团建立合作关系。在此交易中，京东将收购腾讯的B2C平台QQ网购和C2C平台拍拍网的100%权益、物流人员和资产，易迅网的少数股权，以及购买剩余股份的权利。腾讯将向京东提供微信和手机QQ客户端等其他平台的支持。基于此战略进行合作，京东和腾讯可谓是强强联合。京东可以借助腾讯庞大的用户基础，腾讯也能通过京东完善腾讯门户下的电子商务服务。

刘强东说："通过此次与腾讯在移动端、流量、电商业务等方面的战略合作，我们将在互联网和移动端为更广泛的用户群体提供更高品质、更快乐的网购体验，同时迅速扩大我们自营和交易平台业务在移动互联网和互联网上的规模。”

这宗交易不是一次简单的投资，而是互联网行业中具有标志性意义的战略合作。京东提升了B2C市场份额，也获得了国内两个最大移动应用——腾讯微信和QQ的入口，同时其借力腾讯资源去颠覆天猫老大地位的诉求也在完成之中；而腾讯则把京东纳入新腾讯电商生态圈以颠覆阿里的电商垄断地位。

腾讯在此次合作中获得京东约15%的股份，腾讯总裁刘炽平也加入了京东集团董事会。尤其是在现在的电商格局下，二者的联合直接增强了实力，共同对抗对手淘宝。京东的规模在这次联合中得到了壮大，当然腾讯也不会让好处全给京东占了，腾讯有自己的考虑：

第一，京东的加入大大拓展了腾讯微信在电商领域的前景，丰富了微信支付等核心产品的功能，用户使用起来也更加便利，有更多可选择的余地。腾讯所做的这一切都指向阿里巴巴，试图从各个方向上遏制阿里巴巴。

第二，腾讯本来就在电商领域发展不够理想，这方面的业务一直都不是腾讯擅长的。而现在和京东联手，将这块的业务全权交给京东，腾讯简直是甩掉了一个大包袱，今后可以轻装上阵，专注于微信等更得心应手的领域。这样的发展理念与前文中提到的“搜搜牵手搜狗”已经是腾讯最典型也最常规的套路。

第三，不得不提的是，腾讯也是考虑到了投资回报十分可观。因为腾讯电商一直以来都拖累着腾讯整体的财务状况，现在果断将电商这块交给京东，最终换取京东20%的股份，长期来看，腾讯是有利的。

腾讯财报显示，2013年第三季度腾讯电子商务交易业务收入为23.593亿元人民币（3.838亿美元），比上一季度增长了7.3%，比上年同期增长了108.1%。而京东的销售规模比腾讯的大得多。据当时的情况估算，京东2014年的市值范围原本应该在300亿~400亿美元，腾讯持有的20%的京东股份很可能带来80亿元的回报。这跟腾讯自己烧一大笔钱苦苦经营电商相比，回报率要大得多。和京东的合作，也让腾讯的产业链扩大了许多，也变得更加安全了。

这次入股京东还牵涉到另一家电商公司——易迅。上海易迅电子商务发展有限公司于2006年创建，通过强大的大规模集约采购优势、丰富的电子商务管理服务经验和最先进的互联网技术为用户提供最新最好的时尚精选商品。创立之初的易迅曾一度跟京东叫板，双方实力也不相上下。2012年易迅被收入腾讯旗下。2013年，易迅网更是宣布在PC和各版本的手机客户端全面支持微信支付。这两年的易迅正处于快速扩张阶段，烧的钱也不少。此次腾讯与京东合作，让易迅的信心大减，因为易迅和京东的业务重合性极高，基本不可能并存。然而，关于易迅是否会被并入京东，却因为京东方面上市的考虑，很长时间处于搁置状态。许多易迅员工认为易迅被腾讯抛弃了。

有人认为，这一次交易腾讯是最大的获利者。一篇来自搜狐IT论坛的文章指出："腾讯在未来继续增持5%的股权，由于股本的增加，其他股东的持股比例将进一步被稀释，腾讯则将以20%的普通股持股比例成为京东的第一大股东。你可能问，腾讯增持5%，其他机构股东会不会也跟着增持？很抱歉，腾讯相关公告披露，在腾讯继续增持5%的股权时，京东的其他股东如果要增持股权，必须得经过腾讯方面的同意，否则不能增持。如此一来，关于本次交易，腾讯的动机就明确了，原来就只是拿2.15亿美元、一些亏损的电商业务以及微信与移动QQ的移动资源，去换未来京东第一大股东的位置，这买卖真合算。此外，与京东的合作也将极大地扩大微信支付的疆界，这也是腾讯在战略上极其渴望的。尽管腾讯未来可能成为京东第一大股东，但刘强东依然拥有京东的绝对控制权。此前京东招股书显示，刘强东个人拥有每股等同于20股的超级投票权。"

以长远眼光来看，其实腾讯走的这一步棋是基于一个双赢的战略，两个巨头强强联手，结果必然是一加一大于二。

第三部分

“世界第一”背后的腾讯思维

没有人能随随便便成功，马化腾和腾讯的成功有其必然性，马氏思维更是值得人深思。腾讯之所以能够取得如此惊人的成就，得益于马化腾和他的团队不断摸索和创造着自己的互联网企业的商业模式和扩张模式。

现在的腾讯可谓是飞龙在天。可乾坤茫茫，正所谓“事未来时休去想，想来到底不如心”，未来难以预测。近年来，微信进一步巩固了腾讯在即时通信市场的地位，入股京东向电商进军，更是打开了互联网金融的大门，将金融从线上做到线下的民营银行。谁也不知道腾讯帝国会发展到多么惊人的程度，但可以肯定的是，企鹅，依然在更辉煌的路上。

第八章　马化腾凭什么：腾讯成长基因

身为腾讯帝国掌门人的马化腾低调又沉稳，既懂得后发制人的艺术，又有很强的团队意识，在战略眼光的背后是时刻紧绷的危机意识。除了对互联网行业的远见卓识，让业界震惊的，还有他作为一个行业领路人的责任感。

第一节　马化腾的危机意识

能白手起家将企业做成行业巨头的创业者，自身必然拥有很多重要素质，其中不可或缺的就是危机意识。网络行业瞬息万变，一个不小心，弱者可能变成强者，很成功的企业也可能因一步走错而落后。马化腾时刻保持着危机意识，在企业的拓展过程中始终关注其可持续发展，用发展应对风险。

移动互联网给互联网巨头带来了更大的挑战，虽然腾讯的微信等业务做得很不错，马化腾却从未放松。近几年马化腾曾经几次在公司内部说，“早晚会有人来冲击我们，不如自己先革自己的命”。这句话与比尔·盖茨曾说过的“微软离倒闭只有18个月”异曲同工。而且在网络大变革当中，腾讯也是最容易受到冲击的公司，因为它的产品线太多了。

早在2008年，马化腾被采访时就提到，他有着“时刻准备”的危机意识。他认为成功的原因在于不计较短期的利润，不做质量不好的产品，不录用人品不好的人。他还认为未来的3年依然要保持谨慎：“腾讯还是立足长远。腾讯不会把利润放在账面上，而是更加希望把很多利润投入长远的发展里。中国未来的3年绝对是中国网民增长非常快速的3年，之后的增长可能会放缓，进入一个比较稳定的时期。这个时候如果过分谨慎、丧失机会的话，对长远发展是不利的。”

2013年11月15日，一封据称是网易CEO丁磊的内部邮件被曝光。丁磊在邮件中对几个移动互联网产品进行了点评，称微信5分、陌陌4分、易信0分、来往负分。他还认为，微信“摇一摇”功能值得易信学习，易信社交功能要尽快上。这展现了丁磊的危机意识。马化腾也不例外，在同一时期，他曾在某次演讲上表态，要学习移动互联网时代全新的运行规则，甚至说腾讯如果没有微信，很可能会面临一场灾难。他以诺基亚这个曾经无比辉煌却忽然沦落的企业为戒，认为腾讯要时刻保持危机感，增加内部竞争。有人认为，马化腾的这次演讲说明腾讯的核心优势已经不仅是产品本身，而且还有危机感和因此而加强的内部竞争机制。

也是因为这种危机感，近几年腾讯变得越来越开放，甚至愿意和其他企业共同搭建移动互联网的底层平台。入股搜狗、放弃搜搜、拓展微信、入股京东等，都展现出腾讯越来越开放的姿态。腾讯内部组织架构也从2012年开始不断调整，以适应移动互联网市场。

此外，近几年作为腾讯主要收入来源的网游业务部门，也从未放下忧患意识。

第二节　马氏思维：“马十条”

2013年年底，马化腾一反历来的低调作风，在短短一个月内做了3次公开演讲，震惊了业界。据说，他10月初关于组织变革的演讲让马云也为之震动。该次演讲的核心内容在于他认为移动互联网是对传统互联网一次很大的颠覆。他还说：“我越来越看不懂年轻人的喜好。有时候要问小孩，测试你们喜欢吗？小伙伴喜欢吗？他们比我们还看得准。”

信中利资本集团董事长汪潮涌听完马化腾演讲后曾感慨道：“微信真正把手机变成了人们的电子器官，是纯粹为移动互联网设计的，而不是从PC时代平移过来的。微信如果不是腾讯的，将是腾讯的灭顶之灾，想起来让人惊出一身冷汗。移动互联网的商业模式是全新的，精准广告、社交广告、APP、手游、微信支付、移动电商等收入模式将迅速成长。”

“互联网市场变化非常快，面对这个潮流，最近这两年，（互联网市场）给我一个感觉，我们好像又回到了15年前激情燃烧的岁月。我们做了15年，从零开始打造，从一开始没有商业模式，逐渐拥有了丰富的商业模式。很多企业觉得互联网是虚拟经济，我想说它已经不再是虚拟经济，而是主体经济不可分割的一部分。”马化腾如是说。

以下为2013年马化腾演讲的核心观点，因为太鞭辟入里，被人们总结为“马十条”。下面来看看马化腾对互联网的认识有多深刻吧：

第一条，将一切人、物、钱、服务都连接起来。包括在互联网基础上的人和人之间的连接，人和设备、设备和设备之间的连接，甚至人和服务之间都有可能产生连接。马化腾还指出移动互联网的发展前景十分可观。

第二条，移动互联网不只是延伸，更是颠覆。他指出“互联网+”创新涌现，“+”是各种传统行业。马化腾更指出这种“+”是互联网对传统行业的颠覆，而不只是改良。

第三条，未来10年现金和信用卡消失一半。马化腾指出未来互联网会对传统金融造成颠覆，还预测金融机构会在互联网的影响下变得小型化、社区化、智能化、多元化，未来5~10年现金和信用卡会消失一半。甚至，20年内，银行或者是大部分的银行营业网点的前台将消失，后台也将消失，保留中台。

第四条，每个企业要给自己多一个准备。这里马化腾指的是微信对于腾讯就是一次转机。在已经有QQ坐镇即时通信领域的情况下，腾讯仍然没有放弃开发微信，从而开辟出了新的疆土。

第五条，搞不懂年轻人，就搞不定产品服务。马化腾很重视年轻用户，坦言自己越来越看不懂年轻人的喜好，这是他最大的担忧。为此，腾讯的产品都会面向年轻人进行测试。

第六条，消费者参与做决策，发明会员卡。马化腾认为，可以通过互联网，让服务商和消费者、生产制造商和消费者更加直接地对接在一块儿，把传统渠道不必要的环节、损耗效率的环节去掉。将商家的会员卡引入微信，通过移动互联网来管理。

第七条，数据成为资源，构建“人品排名”。“人品排名”这个概念比较抽象，马化腾希望互联网用户的数据能附有更多社交属性，让电脑的数据有反应人们社交属性的能力。

第八条，巨人倒下，体温还是暖的。虽然腾讯市值摸过1000亿美金这个线，但如果稍微没有跟上形势，可能分分钟会倒下。这又一次反应了马化腾的危机意识。

第九条，所有产品线都应该思考安全。这主要指的是PC客户端和手机客户端从相对分隔走向统一，在产品安全上两边都要抓。

第十条，移动互联网不拼爹，只拼团队。马化腾认为，移动互联网基本不是拼钱，也不是拼流量，更多是拼团队。团队精神是做出业务成绩的关键，腾讯在招聘时十分注重人才的团队精神。

马化腾2013年的演讲，既让业内震惊，也刷新了人们对他的印象。马化腾对互联网的认识十分深刻，也具有超前的指导意义。作为国内互联网界的领头人物，马化腾展现了应有的责任感和风险意识。

第三节　微创新的“核威力”

1. 何时摘掉“山寨”的帽子？

2010年7月，《计算机世界》杂志刊登了一篇题为《“狗日的”腾讯》的文章，并作为封面头条。该文对腾讯进行了严酷的批判，斥之为“互联网公敌”，将腾讯这么多年来的“江湖恩怨”摆出来，详细叙述了腾讯与联众、奇虎360等的商业竞争过程，甚至还包含联众创始人鲍岳桥等“受害者”声泪俱下的哭诉，网友评论该文“刀刀见血”。杂志封面更是采用了一张身中多刀的腾讯企鹅图片，十分醒目。

这篇文章出来以后，给腾讯带来了不小的负面影响，不少网友也跟风痛骂腾讯。这次事件的导火索，是腾讯公司插足团购网让同行业人士产生了危机感。

腾讯被痛斥，自身是否有错呢？这要从两个方面来看。一方面，每当腾讯在模仿中逐渐摸索出新领域的规则时，总会因为实力强、势头良好而损害同行业人士的利益，引起他们的不甘。另一方面，腾讯被视为“互联网公敌”，并不仅仅是因为它复制其他公司的产品，还在于那些小的创业公司耗费了大量精力进行试错、市场培育，腾讯却最终摘得了胜利果实。

“从微博、杀毒、电子商务，到今天的团购，这些领域的商业模式在那儿摆着，人人都在抄，你凭什么要求腾讯高抬贵手，不去挣这个钱呢？”互联网资深人士谢文曾表示，业界对腾讯的指责，其实是五十步笑百步。

但是，多年的商业矛盾不仅让腾讯焦头烂额，也影响了其企业形象，一个大大的“山寨”帽子扣在企鹅头上已经很久了。腾讯究竟何时能摘掉“山寨”的帽子？

2. 微创新：模仿是最稳妥的创新

对于“山寨”的名头及种种指责，马化腾也曾经反驳说：“微软、Google也是抄袭大王，从Windows到Office做的都是别人做过的东西。”

马化腾认为：“模仿是最稳妥的创新，就像我们今天把中国古人创造的不少成果用到了极致，难道还要我们今天再去研究磨石取火来赢得拒绝抄袭的美誉吗？那不是愚蠢至极又是什么？这也许又是那些害怕中国发展的人设下的口水阴谋吧。更何况，我们的四大发明不是也被人家抄袭了吗？大千世界，用绝对化的理论和思维看问题不仅是不科学的，而且是别有用心的。当然法律和道德话题下的恶意抄袭则另当别论。”

腾讯的产品从来都不是简单的复制，不是生搬硬套，而是在借鉴基础上的创新。互联网用户越来越注重产品能否带来不一样的体验，这对企业的要求也就越来越高了。企业在借鉴他人优秀成果时，需要一个更新再造的过程，一味地表面模仿是留不住用户的。

“微创新”，这个词在中国互联网业界已经非常普及了，互联网业早已有了很多“微创新”产品。微创新有三种解释，其一是先模仿，后创新；其二是在用户体验基础上进行创新；其三是在本土化基础上进行创新。在移动互联网时代，创新无法脱离本土化的过程，创新必然要根据不同地区人口的生活习惯、消费习惯为其量身定制相应产品。

2006年7月，腾讯成立了创新中心，腾讯给其的定位是：为各种有广泛前景，但在短期之内又没法为现有的各个事业部带来重要收入的创新应用，扮演一个孵化器的角色。一旦这些项目达到一定指标，就将其转移到在商业化方面实力更强的事业部去。创新中心孵化的项目非常成功，这些项目包括视频直播软件QQLive以及后来的QQVideo、QQ书签、TaoTao、QQ拼音、QQ影音等多种产品。

2007年10月15日，腾讯公司投资过亿元，在北京、上海和深圳三地同步设立了中国互联网的首家研究院——腾讯研究院，进行互联网核心基础技术的自主研发。其主要任务是，"着眼于研发未来2～5年内互联网实用基础技术，提升下一代互联网创新"。腾讯研究院成功推出了许多款产品，还研究出不少影音方面的核心技术，这些产品和技术是腾讯专利的一半来源。

2006年，腾讯公司开始主办创新大赛。这些创新大赛是互联网在线生活领域的以用户价值为依归的技术和创新竞赛。比赛面向对互联网领域感兴趣的人士，许多参赛者都是高校的软件精英。在创新大赛中，腾讯将数量众多的创新方案进行收集，一旦确定为可行的项目，就由创新中心负责孵化，至市场时机成熟，再移交给业务平台。创新大赛也帮腾讯选拔和吸纳了不少优秀的学生人才。

腾讯在不断加强实施知识产权战略，制定了一系列的知识产权制度，搭建了一个完善的知识产权工作网络。现在腾讯已经是中国互联网企业之中专利数量最多的，对应的知识产权保护也成为促进这个互联网帝国快速发展的基础。

未来的企业领导者不仅要具有超人的远见和广阔的思维，还要督促自己不断地学习。阻碍许多企业领导者变革的原因是他们的头脑意识。虽然他们懂得创新的重要性，但是他们认为自己已经足够成功，没有革新的必要。马化腾显然从未放弃过督促自己、督促腾讯。

3. 用户体验为王

在中国互联网，有很多人将腾讯的成功归功于庞大的QQ用户群，他们甚至认为基于如此庞大的用户群，腾讯无论做什么业务都不会失败。TOM总裁王雷雷曾说腾讯，“那么大的活跃用户群，插根扁担都开花”。

马化腾并不认同这种说法：“拥有庞大用户群的平台多了，像游戏、邮箱、门户，为什么扩张成功的却很少？”他认为在新领域的扩展必须以用户体验为基础，产品的质量如果不过关，把它推到数亿用户前，反而会砸了自己的招牌。腾讯的成功是通过用户自己选择、体验实现的，而好的产品才能通过这道检验。

腾讯的商业模式的核心在于，在用户体验方面比别人做得更好。腾讯在推出大多数“后来居上”的业务时，都结合自己的优势进行了创新。在某种程度上，马化腾是腾讯用户体验的最好说明人。他和妻子就是在QQ上认识的：“而且她也不知道我是谁，我就说我是工程师。我用的是另外一个常用的小号，不是官方号。”

腾讯还建立了用户体验中心，提供大量尚未对外发布的产品，让用户参与体验中心的项目活动，对最新的产品进行体验，以测试最新的功能技术。而且体验中心还邀请用户到体验实验室，亲自使用腾讯的新产品，并安排用户与设计人员座谈，目的就是为了提高产品和服务的质量。马化腾自己就是腾讯的首席体验官，他会对腾讯的最新产品和服务进行体验，并从一个用户的角度提出自己的意见。

在腾讯选择创新的产品或应用时，利润并不是是否该将它们立项的最重要指标，也不以投资商最看重的商业模式为唯一依据。腾讯最看重的是用户活跃度和兴奋度。“只要用户喜欢，可以提高用户的体验感受，并且用户数足够大，我们迟早是可以创造出商业模式的。”腾讯创新中心总监梁柱解释道。甚至传统的互联网公司生硬的广告模式，到了腾讯也成了一种副产品，腾讯在广告的形式上同样十分照顾用户体验。

第四节 企鹅生存逻辑，“做互联网上的水和电”

1. 拍拍网上线，网购市场分一杯羹

电子商务在中国一早就有，1999年成立的易趣是其中的领军企业，它见证了中国网络经济从萌芽到迅速发展的过程。2003年，美国电子商务巨头eBay大举进军中国市场，投资了1.8亿美元接管易趣，eBay易趣由此成为中国网络购物领域的领头羊，占据了绝大部分市场。

2003年5月，阿里巴巴集团投资创办淘宝网，将目光转向了中小企业。中国江浙一带中小企业十分密集，尤其是制造业，淘宝的诞生极大地缓解了这些企业巨大的销售压力。淘宝成立仅一年时，其排名就仅次于易趣了，发展十分迅速。而到了2005年，淘宝一举超越eBay易趣，坐上了网络市场第一的宝座，很快便将竞争对手们远远甩在了身后。仅仅用了两年时间，淘宝就成了中国网络购物市场的领军企业。

2005年9月12日，腾讯公司拍拍网正式上线。用户不难发现，拍拍网整个网站和淘宝有许多相似之处，网页的布局，按钮的设计，包括腾讯的财付通，都和淘宝有异曲同工之妙。

“推出拍拍网，使其进入C2C电子商务市场，我们的目标不是克隆一个淘宝，我们内部定义的C2C和传统的电子商务是有区别的，我们的C2C是希望通过通信手段（一个C）最终完成交易（另一个C）。”对于复制淘宝的质疑，马化腾介绍道：“腾讯最核心的竞争力还在于用户间的沟通，我们做电子商务就是

希望通过沟通完成交易。”

拍拍网最大的天然优势就是极其可观的腾讯注册用户数。这些用户虽然并不是收入最高的那部分人群，却是最愿意尝试新鲜事物的群体，具有巨大的市场潜力。

马化腾十分清楚自己的优势是 QQ 和庞大的 QQ 用户群，所以采取将电子商务和即时通信结合起来的方式。一方面即时通信方便了商家和客户之间的交流沟通，另一方面也可以将即时通信的用户转化为电子商务的用户。

2006年5月10日，淘宝网推出竞价排名服务“招财进宝”，开始举起收费大旗时，马化腾继续坚定不移地执行免费交易的策略，推出“蚂蚁搬家”活动。此活动一经推出，拍拍网立刻人气大涨，用户量激增，其中也包括从淘宝分流出来的部分用户。拍拍网坚持免费的策略符合当时电子商务的发展潮流，以较低的门槛成功进入并立足于电子商务市场。

2014年3月，腾讯与京东建立合作关系，腾讯旗下的电商业务易迅网、拍拍网、QQ 团购等均被并入京东。10月拍拍网和微信联手推出了拍拍微店。在当今的互联网电商竞争中，传统的 C2C 模式已经无法满足卖家的需求。因为在这种传统模式下，竞争十分激烈，获取流量的成本高昂，许多小卖家已经越来越没有生存的空间了。在移动互联网迅猛发展的这两年，卖家们开始尝试发展“去中心化”的电商模式，即建立与消费者直接沟通和交易的渠道。这样不仅能以较低的成本吸引新顾客，而且也更便于留住老顾客，提升回头率。在卖家的这种强烈需求下，拍拍微店也就应运而生了，个人开店今后不再有门槛。

2. 腾讯帝国的虚拟货币——Q 币

2002年5月，腾讯公司推出 Q 币业务，1个 Q 币代表1元人民币。Q 币可以用来购买 QQ 的虚拟服务，用户付费后通过卡号、密码与 QQ 号关联进行充值。

最初Q币被设计出来的时候，是让电信运营商代收费的，但是成本极高，无论是固话还是移动运营商的提成都在50%以上。相比而言，用银行卡付费的手续费仅仅为1%，于是腾讯迅速改变策略，与多家银行合作推广Q币——通过银行卡充值可享受九折优惠。

除了银行卡充值，腾讯还推出了Q币卡，包括虚拟卡和实物卡。虚拟卡直接在网上购买，实物卡则发行于报亭、书店、商场等场所。为何这样一种虚拟货币会有人愿意购买呢？

腾讯就像是一个虚拟王国，QQ聊天工具是一张通行证。你要在这里建造房屋，腾讯就提供装修装饰材料；你要在这里养宠物，腾讯就负责宠物的衣食住行，甚至看病吃药；你还可以在这里玩游戏、听音乐、看电影。而这个王国里唯一流通的货币就是Q币，只要有Q币，就可以享受到腾讯无微不至的服务。QQ会员、网络硬盘、QQ音乐、订阅杂志、QQ游戏、QQ宠物等服务，都需要支付Q币。而在腾讯系统内部，Q币与Q点、QQ游戏币之间都建立了等量交换的关系。甚至在腾讯系统之外，Q币也可以用来购买某些网站游戏的点卡、虚拟物品，甚至可以用来下载电影、软件。

腾讯2006年年报显示，其2006年营业收入同比增长了963%，达到28004亿元（3586亿美元）。而同期其互联网增值服务收入为18253亿元（2338亿美元），比2005年同期增长了1320%，在2006年度总体收入中占了65%，其中Q币销售业务功不可没。

但是慢慢地关于Q币的一些问题也浮出水面。QQ黑客盗取Q币；用户通过游戏币等方式转移账户；将Q币出售给贩卖者，贩卖者再次出售，转化成人民币。人们开始质疑，腾讯公司是否有权力发行这种电子货币？Q币是否受到了相关的监管和规范？

面对这些质疑声，腾讯及时做出回应，明确表示Q币和虚拟货币有所区别，

Q 币是商品而非货币。腾讯之所以推出 Q 币，是为了方便用户购买增值服务，拓宽支付渠道，Q 币并不是虚拟货币。

更有媒体报道，网上有人在组织利用 Q 币进行赌博活动，“Q 币涉赌说”一时间甚嚣尘上。虽然腾讯明文禁止游戏币与现金进行兑换，也因此关闭了游戏币回兑 Q 币服务以及游戏币银行存取服务，但是归根结底腾讯是靠出售游戏币和游戏道具来获得收益的。而这些拿钱买来的虚拟物品进入流通渠道后，必然会被某些人拿来获利。虽然“Q 币涉赌说”并未得到确切证实，但是这些传闻还是对腾讯的公司形象造成了一定影响。腾讯公司相关发言人积极表态说：“腾讯不提供游戏币或游戏积分变相兑换现金、财物等服务，同时一直以来也坚决反对用户私下交易游戏币的行为，我们也呼吁国家相关机关对于假借游戏币私下交易实施违法犯罪的行为进行坚决的打击。”

第九章　小企鹅改变大世界

当一个软件能惠及几亿人时，它就不仅仅是一个普通的软件了，在社会影响力方面已经远远超过了其本身的功能所带来的作用。而腾讯的企鹅帝国，就制造出不止一个这样的软件——从 QQ 到微信，从 PC 平台到移动平台，让中国人的社交方式完成了不止一次革命，而腾讯也始终占据着社交网络的半壁江山。但马化腾的危机意识仍然在，他和阿里的竞争与合作无不体现着这一点：企鹅，永远在下一站等你。

第一节　谁把中国带入新社交时代

1. SNS: 社交网站革命

自从一个叫“Facebook”的社交网站在全球范围内获得了巨大的成功之后，

“SNS”的概念开始普及开来。SNS，英文为Social Network Software，即社会性网络软件。它的理论基础是六度关系理论。最早在20世纪60年代，美国著名社会心理学家米尔格伦就提出，在人际脉络中，想要结识任何一位陌生的朋友，这中间最多只要通过6个朋友就能达到目的。就是说你想认识一个人，托朋友找朋友找认识他的人，这个过程中不会超过6个人。依据这一理论，每个人都能以认识朋友的朋友为起点，拓展自己的人脉，甚至可以无限拓展自己的人脉，在需要帮助的时候利用人脉也不在话下。SNS网站就是依据六度关系理论建立的网站，它能帮用户运营朋友圈。

善于学习的中国人也不示弱，不少社交网站如雨后春笋般冒了出来，它们大多带有很强的中国本土化特色。

校内网，这个以大学生群体为目标而成功的网站，被认为是拷贝Facebook最明显的中国网站。SNS网站有一个很大的优势，就是技术要求比较低，而且在此之前国内没有同类型的网站。对此，千橡集团董事长即校内网的创始人陈一舟曾说过：“如果我现在拉一个100人的团队来做IM，我肯定还是能做起来的，但毫无疑问，我肯定比不过腾讯；做搜索，也肯定比不过Google和百度。各个SNS网站在技术上几乎没有差别，校内网只是个先行者而已。”

作为第一个吃到螃蟹的人，陈一舟所创建的校内网有着很多优势，一些国内网站再去复制Facebook或者它，是很难成功的。

虽然市场上一直不缺少质疑的声音，有关于抄袭的，也有关于校内网前景的，不过校内网还是成功了，后来校内网改名为“人人网”。此外，早期SNS市场上还有若邻网、一起网、MySpace、天下网、赛我网等。

互联网巨头们也没有放过这一新机遇，百度就明确表现出对SNS的兴趣和计划。而潜力更让人看好的还是腾讯。腾讯QQ在这十几年里早已不是一个简单的IM工具，它还延伸出了空间、影音、游戏等多样化的产品。而QQ空间转型成 SNS 模式的潜力很大。几年前人人网创始人陈一舟在接受采访时说："现在看只有校内网、51.com 发展规模还不错。中国的 SNS 市场，面向大众的领域，我现在只看好百度和腾讯。其他 SNS 平台，只有做垂直市场，才有机会。"

校内网后来改为人人网也是出于转型的目的。陈一舟在创办校内网几年后就意识到了危机。虽然他对校内网充满信心，认为它可以成为用户终身的交流平台，但是大学生的生活圈子和工作后的环境不同，校内网的大学生相互间具有传染性，圈子也相对封闭，工作后生活的变化很可能让他们放弃校内网，转而使用其他即时通信工具来交流。因此校内网需要转型，改名为人人网也是希望它能吸引更多不同的客户群体。

2. 微社交：移动社交时代

腾讯微博有关负责人称："当下我们的社交需要图片、文字、语音以及视频，而这些正是由一系列的移动社交产品所构成，可以说，中国微社交（V 社交）时代已经到来。"

所谓"微社交"，指的是基于网络强大的社交平台体系，通过微博、微信、微视及手机 QQ、QQ 空间等社交产品进行的社交。其目的在于通过文字、图片、语音、视频等介质的交互运用，让人们的社交变得更简单、更真实、更丰富，真正实现社交平台上交流分享的无缝对接，全面提升用户的体验。

回首中国社交网络近 20 年从零到人人都离不开的发展历程，从最初的 BBS 到称霸四方的 QQ，再到微博等社交网站的涌起，社交网络的产品越来越丰富多样，社交网络生态格局不断拓展，网民的网络社交生活变成了随时随地都可以进行的社会生活的一部分。各种各样的社交网站在竞争中逐渐发展出互补的形态，各自占据一方市场。

根据相关领域研究专家的说法，网络社交最原始的开端是电子邮件，它让网络上人们的沟通变为可能。随后，BBS的出现是网络社交的一大转折。而从电子邮件的个人与个人之间的交流，到BBS把个人会聚到一起，降低了交流的成本。再后来，即时通信在电子邮件的基础上大大提升了交流的即时性和效率，QQ便在这一阶段占领了大部分市场。而博客在BBS的基础上更强调个性——每个人都可以拥有自己的博客。在各种产品都能霸占一方市场的情况下，各种社交网站都在增强娱乐性。以近几年表现强劲的微信和微博为例，一个是将信息量浓缩而使交流性加强，又称“微信息”；另一个则是将微信息与移动互联网的服务紧密结合。

在中国众多的社交网络产品中，腾讯QQ依然并将在未来很长一段时间内处于中国社交网络霸主的地位。而且从目前的趋势来看，唯一对它的地位有所威胁的就是新浪微博。不过就现在来看，两者差距还是比较大的。这不得不归功于腾讯将产品在移动客户端方向的成功拓展，QQ依然霸气，而微信也迅速占领了移动社交的半壁江山。

2011年9月，腾讯与HTC在北京联合举办了“新社交时代——HTC联合腾讯品牌发布会”。这是一项战略性的合作，HTC还推出了与QQ相关服务相配套的HTC社交型手机。手机上有特别设置的按键，其功能在于进入手机QQ、手机QQ空间、腾讯微博等社交应用，大大方便了用户使用。时任腾讯高级执行副总裁的刘成敏对此表示：“包括QQ－Service在内的腾讯整体定制方案及明星平台，我们都愿意开放合作。从长远发展来说，这也是最具发展前景的合作模式。腾讯希望通过与各个层面的伙伴紧密合作，共建移动互联网产业链，为用户提供更优质的产品和服务。”这次合作也是移动互联网巨头与国际领先手机企业强强联手的全新合作模式，由此可见腾讯在推动社交产品向移动互联网转型过程中所做出的努力。

2012年，QQ音乐iPhone版推出的新版本，开始支持用户将QQ音乐分享到微信朋友圈、QQ 空间和腾讯微博等更多平台。从音乐进入 SNS 是一种全新的模式，也是腾讯率先将音乐、图片、兴趣分享作为社交内容植入移动网络社交软件当中的一种尝试。

自2012年4月微信发布“朋友圈”功能以后，越来越多的用户开始使用这一功能来拉近和朋友的距离。用户不仅能在朋友圈分享自己的生活点滴，还能点赞和转发。这大大增加了微信这一产品的黏性，让用户越来越离不开它。

虽然各种各样的移动社交软件层出不穷，但只有微信在短短3年时间内便坐拥6亿用户。为什么呢？这是因为微信的目标用户群，基本可以囊括所有不同类型的人群，而且还不排斥一些用户安装其他社交工具，包容性很强。与其他软件比起来，人人网吸引的是学生人群，易信吸引的是白领，而微信就没有这样的人群局限。更何况，微信还有 QQ 这样强大的产品作为支撑，它可以通过 QQ 或手机通信录直接导入好友，其他同类软件就是想追赶它也十分困难。

2014年8月下旬，网上出现中共中央组织部的一份内部文件，文件要求广大党员订阅微信和易信上的官方公众账号“共产党员”，这一账号在8月11日就已开通。这充分说明了微信的影响力。

微信等软件越来越流行，人们网络社交习惯的改变，预示着移动社交即将进入一个崭新的时代。

第二节　让马云都害怕

1. 势如水火的“二马”

不知从何时起，中国互联网业似乎成了马云和马化腾的天下，各方角逐逐渐演变为“二马”争霸的局面。按2015年年中的市值计算，腾讯控股的市值为

14064亿港元（约合1800亿美金），是全球第四大互联网公司。而2014年已整体上市的阿里巴巴集团，市值也在2000亿美金级别。总之，双雄的市值领先于其他所有同行。业内也普遍认为，中国互联网正在形成G2集团，即两个超级霸主。

马化腾和马云，性格完全不同，一个像火，一个像水，当他们相遇，必然是一番势如水火的较量。当阿里和腾讯处于激烈的对抗时，马云曾说了一句经典的豪言："火烧南极洲。"言下之意，自己是火，马化腾是水。南极是水的极致。马云这句豪言，似乎是说他要用大火将南极的水耗干，此言也充分反映了马云的个性。马云似火，性格一直是风风火火的，在事业上一直是还未做时先已高调出声。而马化腾似水，性格低调沉稳，在事业上从不说大话，或是低调地默默行事，或是做了十分，却只说三分。马云的口才也比马化腾好很多，在面对媒体的时候，马云一向如同演说家一般，而马化腾在面对媒体时一向青涩。

马化腾很少向外界传递一些抽象的形而上的精神或方法论。他的性格温和而不偏激，似乎显得个性并不突出。在陈天桥、丁磊和马云这些互联网大佬的反衬下，马化腾变得越发低调和沉稳。与其他互联网大佬相比，马化腾的务实和谨慎尤其突出，他的领袖气质并不强，但是在对产品细节的追求上做到了极致。所以虽然马化腾很少发表一些豪言壮语，其发展的业务也很少是某个领域的第一个，却能做到步步为营，鲜少失败。

马云和马化腾擅长的领域也不同。马云擅长战略性布局，投入产出的时效性不是很强，对营销和媒体的要求比较高，淘宝的生意就属于"大生意"，从早期的大投入到赢利的周期很长。而马化腾比较务实，擅长做一些"小生意"。腾讯的产品都是非常注重用户体验的，相关技术部门会不断根据用户的反应去完善产品，通过抓住用户的口味逐渐占领市场。有人说，马化腾更偏向于做一个程序员、产品经理。

两个人平时的交集并不少。在某同学会上马化腾曾说："淘宝网刚办起来时，马云跟我谈起过，当时我本有机会去投15%。一是我并不看好，再是我觉得占比太少，要投就占50%，现在我悔都悔死了。”另一位企业家也说：“我也一样啊，当年我手里有5亿元，有人建议我投腾讯，我还经常见到马化腾，可他从来没跟我说明白腾讯是个啥东西，否则我现在做慈善公益想怎么做就怎么做了。”

马云并不讳言腾讯带给他的压力和紧张：“就像我看见微信我也很紧张。紧张是正常的，紧张促进社会进步。金融行业能够不紧张，我们的小微企业就很紧张，所以我觉得假如阿里巴巴集团能够让现有金融体系紧张一下，也是互联网企业对社会进步的重要贡献。”

中国互联网未来最强大的公司究竟是阿里还是腾讯，是一个很多人都在关注的问题。马云和马化腾，一个火，一个水，在面对市场的风云变幻时，态度截然不同，就看谁能笑到最后，笑得最好。

2.“二马”的焦虑

在近些年上市的互联网企业中，CEO的整体年龄越来越年轻化，互联网在更新换代。

2013年年底，马化腾就曾坦言担心自己跟不上互联网更新的脚步，他最担忧的是看不懂年轻人喜欢的东西。马化腾说：“现在美国有一个非常火的发送照片的平台，但是我用起来觉得很没意思。我本来就干这行，可我就觉得它没意思，但是12~18岁的女孩子非常喜欢玩这款软件，它特别火爆。我们发现在这个行业，自己有时候不知道年轻人喜欢什么，我觉得这是最可怕的。”

时代一直在进步，现在QQ和微信能够占据社交网络半壁江山，都是因为抓住了时下用户的需求。未来呢？一切都在更新，年轻人的口味也一直在变，马化腾最怕抓不住年轻人的思维，这是他作为企业领导者的危机感，也是推动腾讯不断革新的力量。

马云焦虑的是微电商。在微信小店、京东购物等上线后，各种微电商发展强势。相比微信第三方电商平台的红火，马云重金所推的“来往”并没有什么起色。再加上腾讯入股京东，在手机支付领域双方也有不少合作，这样强强联合，马云的压力可想而知。

在淘宝有900万注册商家且有300万活跃商家的时候，微信公众账号也已经超过300万了。虽然微信电商还不至于到和淘宝实力相当的程度，但这样的账号数量，也已经可以支撑起一个很大的购物生态。微信电商目前的门槛相对于淘宝偏高，微信小店要求商家为认证服务号，而且开通微信支付接口也以缴纳2万元保证金为条件，所以至今为止微信公众号电商还是以大型商家为主，也有一些近期成长起来的淘品牌。

马云跟马化腾相比，在股权方面表现出更多的焦虑。虽然两个人持股差不多，马化腾持股约为10%，马云为7%，几乎没有差距，但马云为什么这么在乎股权呢？这背后有其他的因素在起作用。腾讯自从2004年在香港上市以后，股价已经上涨了上千倍。腾讯的大股东MIH是一个南非的媒体公司，拥有33.93%的股份。MIH公司专注于媒体行业，对互联网并不是很内行，所以它给予马化腾极大的信任，在管理上也给予了腾讯很大自由。马云背后的大股东是日本的软银，拥有33.6%的股份；二股东是美国的雅虎，拥有22.1%的股份。软银和雅虎在互联网行业有着丰富的经验，对于马云来说这不是好事，而是麻烦，因为他们会对淘宝的诸多决策进行干预。腾讯和MIH之间几乎没有过什么摩擦碰撞；但阿里巴巴和其大股东就恰恰相反，几年以来阿里一直试图从雅虎回购其股份，但雅虎不愿意放手。

3. 移动支付领域的大战

什么？打车也能收红包？

人们口耳相传的这个好消息，就是托马云、马化腾之福。一个是全球最大的网络支付公司，一个是全球最大的即时通信公司，估值都在千亿美金以上，移动支付领域注定是马云和马化腾的战争。他们的大战延伸到了手机支付领域，具体表现为支付宝支付和微信支付的打车软件大战。这种新的支付方式返利给司机和乘客双方，不光省钱，也方便快捷。

阿里巴巴集团的支付平台是支付宝。从2014年1月22日开始，如果使用支付宝支付“快的打车”费用，乘客和司机每单各获10元奖励，乘客每天最多2笔，司机每天最多5笔，每天共有10001个免单机会。腾讯这边的支付平台是微信支付。1月10日—2月10日，乘客使用微信支付车费，每单减免10元，每日最多3笔；司机每单可获奖金10元，每日最多5笔，每天有10000个免单机会。一众司机和乘客都对此表示欢迎，觉得他们有“舍己为人”的精神。这“舍己为人”背后，实际是阿里和腾讯在抢占用户资源。

表面上看来，乘客和司机都获得了返现，马化腾和马云岂不是贴了大笔资金在做亏本买卖吗？实则不然，分析相关数据可知，现在的电子商务吸引一个客户就需要30元的成本，手机App赢得一个安装用户也要花上15~20元，对马化腾和马云来说，20元如果能买到一个移动支付的活跃用户并不算贵！为了留住用户，他们也用了不少办法，给司机的补助并不是直接转入他们的银行卡，而是先在支付平台上保留一段时间。打车软件跟传统打车方式相比的确有很多优势，乘客既可以提前预订车辆，等车的时间也短，没带现金也没关系；而司机随时接收乘客的叫车，不怕拉不到生意。

2月17日，“滴滴打车”继续加强火力，宣布启动第三组高额补贴并投入10

亿；“快的打车”也不甘落后，就在当天下午宣布，“永远比竞争对手补贴高出1元”，把补贴加到11元。

2月18日上午，“滴滴打车”迅速做出回击，不仅立即将打车补贴提高到12~20元不等；还重新启用春节期间备受欢迎的“微信红包”模式，随机抽取金额不定的奖励；每周打车超过10次的用户，还可以获得微信热门游戏《全民飞机大战》里一些颇受欢迎的奖品。

2月18日下午，“快的打车”对竞争对手这一系列动作做出回应，把补贴提到13元，宣称仍然比对手多1元。但实际上，在大部分的情况下，“快的打车”仍然比“滴滴打车”的补贴少。

这场打车大战必然会结束，因为巨额的资金投入也不可能无限制增长。当市场被圈得差不多的时候，再多的投入意义也不大了。等到用户形成了用手机软件打车付钱的习惯之后，马云和马化腾实际也达到了目的。在这场支付大战里，马化腾的优势依然是对用户体验的注重，不过对微信的依赖也带来一些问题，内部人士称：“‘滴滴打车’的成功订单中，微信导过来的量至少占到70%以上。这是一个很可怕的事情，一旦微信在移动支付上找到更好的推广方式，那就不会带‘滴滴’玩儿了。你想想，整个团队都要靠看微信脸色吃饭，还如何保持创新活力？”而马云方面的“快的打车”就没有这方面的顾虑，“快的打车”没有对第三方软件的依赖，而且“快的打车”还采取了许多增加用户黏性的措施。

实际上，打车软件不仅仅是一个简单的打车软件，还是移动支付的重要端口，它吸引到的数量庞大的用户群，以后在其他移动支付及网络购物等方面也具有很大的潜力。表面上都不打算给对方活路的马化腾和马云，本质上也是相互提高、相互促进的竞争伙伴。即使打车之争结束，两大巨头在互联网领域的战斗还是会持续很久很久。

4.“三马”共筑互联网金融

2013年11月6日下午，众安保险公司在总部所在地上海举行了开业仪式。腾讯马化腾、阿里马云与平安保险董事长马明哲一起出现。

马云将众安称为“三马”的“共同理想”。众安保险获得了国内首张互联网保险公司牌照，它的业务定位于与互联网相关的财产保险，主要针对小微客户。互联网保险业务是一种新兴的产物。淘宝旗下有支付宝，腾讯旗下有财付通和微信支付等，这些都属于互联网金融，能有力地促进互联网保险的发展。马化腾认为，在个人电脑时代，互联网公司之间的竞争和摩擦已经司空见惯。而在未来，3家公司间肯定会有互补的空间，各方通过充分的摩擦和沟通，就会产生一种平和的心态。

众安在线的公司股权结构中，从阿里集团分拆出来的小微金融服务集团持有众安19.9%的股份，为单一最大股东，腾讯、平安保险和优孚控股分别持股15%。众安在线的总部设在上海黄浦外滩实验区，注册资本金10亿。它的员工中有近一半来自互联网企业。

两大互联网巨头与保险行业巨头的强强联合，展现了互联网巨头“二马”对于互联网金融布局的用心，也让更多人看到互联网金融并不局限于支付领域，在很多领域都大有可为。

对于一个企业来说，在合适的时候寻找合适的合作伙伴，是一种上上策。商场上没有永远的朋友，也没有永远的敌人。两大巨头在竞争的过程中还能合作，说明双方的理念还是有很多共同之处的，也展现了双方的远见卓识和对互联网领域的野心。企业不计前嫌，学会适时选择合作伙伴，是一种明智之举。

第三节　迟来的“敌人”：谁抢了通信巨头的饭碗

1. 虎口夺食：微信收费风波

2011年12月，腾讯精心打造的微信团队终于亮相，其中最吸引人眼球的两位就是腾讯联席首席技术官熊明华和微信项目总监刘乐君。微信一出现，张小龙是总负责人，他是Foxmail、QQmail和QQ邮箱漂流瓶等互联网产品的创造者。

“超过3亿人使用的手机应用，可支持发送语音短信、视频、图片和文字，可以群聊，仅耗少量流量，适合大部分智能手机。”微信这段自我介绍道出了自己的优势，这些优势也对国内通信巨头的各项业务造成了冲击。

微信已经成为时下最流行的手机社交软件。它的优势在于，不仅可以发送文字及语音、视频等进行交流，而且这些通信几乎是完全免费的，只需要支付极少的网络流量费用。

互联网数据中心的数据显示，2012年全年，电信运营商短信量比2011年下降20%，彩信量下降25%，电话业务量也下降了5%。这意味着，原本处于垄断地位的电信运营商最核心的短信、彩信、语音以及国内、国际长途电话业务市场都在被侵蚀。以中国移动为例，2012年，其净利润虽然实现了同比增长2.7%，实际却是创下了近3年的新低，其中增长最慢的是语音业务。

“微信不能一直就这么免费下去，要不然谁都没饭吃了。”中国联通掌门人常小兵曾忍不住说出了联通及其他通信巨头现在的烦恼。微信究竟有多可怕？几大通信巨头向来都是互相竞争得焦头烂额，现在却暂时放下恩怨，对付他们共同的敌人——微信。微信究竟该不该收费也成为坊间热议的话题。

工信部公布的2013年前两个月的电信业务数据显示，即使这两个月有春节等节日的作用使短信发送总量处于增长的状态，但是普通的移动用户之间的点对点短信量依然处于下滑状态，下滑幅度很大，约10.6%。此外，两个月内的短信业务量达到1576.1亿条，虽然同比增长了0.7%，但增长幅度大大低于2011年同期的5.7%，以及2012年同期的7.6%。

在他们看来，这一切都归罪于微信。随着移动互联网的普及，微博和微信这些手机客户端越来越红火，通信运营商的业务开始出现下滑，因为这些手机客户端的服务几乎可以代替短信业务，尤其是微信对短信业务的冲击最为明显。微信的存在直接断了几大通信巨头的财路，抢了他们的饭碗，他们当然要恼火。微信里的通信都是免费的，跟他们的业务相比有很大的优势。如果再不阻止微信，双方差距会越拉越大，他们的市场会进一步被蚕食。因此他们这一次对微信的态度很强硬。

近几年OTT业务开始崛起，最好的代言人就是微信。OTT的意思是互联网公司越过运营商，发展基于开放互联网的各种视频及数据服务业务，提供的服务本身与运营商不相干。但是互联网企业在推出相关业务的时候毫无疑问需要利用运营商的网络，国外的一些知名App就是这样。OTT的服务即使收费也可以直接向用户收取，运营商只是提供了流量，收取流量费用，却无法参与软件的收费。根据相关数据统计，2012年我国手机上网人数开始超越电脑上网人数，这意味着手机上网的网民占到大多数，而且这一趋势还会越来越强。因为手机及平板电脑在被随身携带方面比普通电脑方便很多，被随身携带的时间更长，用户用它们上网的时间也会越来越长，这在全球互联网都是同样的趋势。用户的需求在发生变化，他们在用手机上网的时候，对社交、资讯和娱乐的要求越来越高。

国际上也出现了OTT业务的收费应用——应用商店。除了苹果的App Store、Google的Google Play，诺基亚、微软等运营商均也相继开通了自己的应用商店，这又抢掉一些原本属于通信运营商的生意。国内OTT就是在这种背景下开始发展壮大的，尤其是微信，已经把其他同类软件（如米聊、易信）远远甩在后面，成为目前国内最火的OTT应用，甚至被视为“第四大运营商”。

虽然在用户使用应用的过程中，电信运营商可以收取流量费用，但这与应用本身所创造的巨大价值相比实在微乎其微，况且，流量的增速实在太快了，这一部分的成本依然需要运营商来埋单。2012年中国移动公布的数据显示，无线上网业务流量同比增长187.6%，收入同比增长53.6%，流量的增长远远超过了收入的增长。这意味着，运营商还要为3G/4G网络和发展智能终端投入巨额的成本。相关资料显示，中国移动仅仅为建设TD－LTE网络，2013年的投资就增加了400多亿元。

在这种情况下，通信运营商一直想让微信收费也就不足为奇了。

2. 联通服软：放低姿态与微信合作

微信收费并不是腾讯想要的，而被迫收费也受到广大媒体和用户的热议。微信收费损伤的是用户的利益，而运营商这种行为被视为垄断，可谓不得人心。运营商虽然实力雄厚，但面对数亿的用户，也不能不低头服软。

2013年，微信就开始和广东联通合作，并推出国内第一张微信定制电话卡——微信沃卡。沃卡不仅仅是一张电话卡，还能让用户享受一些其他特权，包括拥有更大容量微信群、全新高品质发烧音乐、个性化专属表情符号、高清大片随便看、流量不超标等。此举让业内有点猝不及防，虽然几大运营商必然会有选择和微信合作的，因为合作已是大势所趋，但是很多人没有想到会是联通，联通早期坚持让微信收费的态度是比较强硬的。不过，联通负责人也曾公开表示联通和OTT是合作的关系。

联通能够放低姿态，十分明智。实际上联通跟别的运营商相比，在与OTT应用合作方面，一直是相对比较积极的。除了和微信的合作，联通还与不少应用厂商进行合作，包括唱吧、豆瓣、虾米音乐等热门应用厂商，收取的资费包括15元/月、5元/月等。它也曾与搜狐视频进行过合作，推出了15元6GB的包月视频定向流量套餐业务。

IT人士毛启盈曾解释过联通为什么不排斥和微信进行合作："联通和微信的赢利模式不冲突。中国联通的'沃立方'和微信不同，我们体验后发现，'沃立方'确实还有超过微信和飞信的地方。尤其是在赚钱方式上，飞信和微信是C2C平台模式，'沃立方'是B2B2C平台模式，因此移动的飞信和腾讯的微信在利益方面有冲突。"

合作或是竞争是关乎智慧的选择。微信和联通作为互联网行业和通信行业的两大巨头，这样的合作必然是双赢。微信的几亿用户可以增加联通3G的用户数，提升流量消费，同时提升用户对3G的上网体验。联通也能帮助微信进行推广，吸引更多联通的用户使用微信。强强联合，互相助力，何乐而不为？

不过，商场上的合纵连横，必然会让其他竞争对手紧张。就联通来说，前期对微信收费的态度也非常强硬，也一直在开放自己的以飞信为首的手机应用程序，并未放弃和微信竞争。但后期出于战略考虑，联通还是选择和微信合作。

随后，中国电信也与网易进行合作，共同打造了IM工具——易信。这意味着运营商们的思维进一步开放，电信行业和互联网行业的合作依然有很大的空间和潜力，这也让互联网巨头们看到了更多的机会。对于整个行业来说，这次合作意义很大，相比微信沃卡仅限于广东地域，而且只是流量方面的合作，电信、网易的这次合作背后还成立了合资公司。

电信行业和互联网行业都会迎来更大的变革。对于互联网巨头们来说，微信现阶段是一个难以挑战的对手，如果跟电信行业的巨头进行合作，就能壮大自己在通信软件方面的实力，从而提升自身地位。而电信行业里，联通和电信在传统电信业务上是竞争不过移动的，和互联网行业的合作也能给它们带来更多的机遇。虽说运营商过去对互联网行业的态度十分“高冷”，但现在也不得不放下身段了。

中国经济网评论员、康宏中国首席经济学家杨晨说：“现在移动互联网的用户，其实使用的是三大传统电信运营商的流量业务。如果这块业务也被阿里巴巴等企业吞掉，那么以后在大数据分析时代，三大电信运营商基本上就没什么戏可唱了。而未来更令人担心的是，如果三大传统运营商被用户抛弃了，那么这些不思进取的国企很可能逃不掉等待被收购的命运。”

在杨晨看来，如果三大传统电信运营商坐以待毙，将会死得很惨，其根本原因是它们已经失去了移动互联网领域的话语权，而腾讯、阿里巴巴等这些取得虚拟运营牌照的大企业现在正处在上升期，由于实力相当雄厚，也不会把短期亏损当回事。

种种迹象表明，传统电信行业正在迎来巨大的变革。在互联网巨头们的挑战下，传统电信行业面临的危机就不仅仅是被抢去一部分市场，而是其核心利益受到了威胁。

3. 微信电话本：免费电话时代

2014年11月11日晚间，在没有任何官方宣传预热的情况下，腾讯旗下微信电话本正式登录苹果应用商店。一夜之间，微信电话本刷遍微信朋友圈，并且迅速登上 iTunes 热门搜索首位，引爆互联网。

微信电话本是腾讯公司打造的一款高效智能的通信增强软件：独家微信头像导入；支持通知类短信自动归档、垃圾短信拦截、短信收藏 & 加密等智能管理；还有来电归属地、黑名单、联系人自动备份和超过5000万的陌生号码识别功能。这些功能让你的电话本与众不同。微信电话本 1.0.0 版本作为一款智能通信增强软件，同时支持网络条件下的免费通话及在对方无法接通的情况下将音频转向语音信箱。微信电话本目前支持Android和iOS两个版本。

截至12日21时，微信电话本在苹果应用商店“工具”类下载榜单中排名第一，在应用宝安卓商店中下载量已经突破2000万，这已经是很多小公司推出的热门APP能够拥有的非常理想的数字了。12日上午，由于注册用户过多，腾讯服务器开始堵塞，微信电话本发布公告称：登录、注册、短信验证等功能出现问题。随后腾讯官方表示，彻夜奋战解决了用户登录问题。

为什么微信电话本如此火爆？原因很简单，这款软件，简单地说就是能在有互联网的情况下免费打电话，造福大众，难怪如此火爆。不过这下运营商们可坐不住了，通话功能是运营商们的基本业务，如果互联网巨头们连这个也要抢去，运营商们靠什么吃饭？

微信电话本刚推出，运营商们的反应还不是很大。一来互联网软件抢运营商的业务已经不是什么新闻，他们应该早有心理准备；二来微信电话本才刚刚推出，其后续市场反应仍然需要观望；三来软件功能再怎么强大，也绕不过运营商的网络流量，正如之前微信的语音通话、QQ语音一样，并没有彻底颠覆运营商的生意。

中国移动业务支撑系统部副总经理宁宇在其微信中评论：“腾讯推出微信电话本，早在意料之中。流量取代语音是趋势，别人不做，运营商自己也会做。”雷科技创始人罗超认为，微信电话本会抢掉运营商不小的语音通话需求市场，且比例会加大。其实电信运营商完全可以自己开放VoIP，让用户以后可以完全基于手机通信录打免费网络电话，但这个可能性太小了。不过罗超采取渐进的方式加速VoIP开放的可能性却很大。飞信此前已经推出了网络电话，未来运营商与有信等免费电话企业加速合作迎击微信电话本可能性更大。正因为软件始终受制于运营商的流量，所以有些人认为“免费通话”只是一个宣传噱头。但在资费方面，微信电话本通话功能本身免费，只是在2G/3G/4G网络环境下会消耗流量（在 WiFi 环境下免费）。通过微信电话本拨打电话、发送短信产生的资费与产生的上网流量费用由运营商收取。这类通话软件其实早就存在，只是没有像微信电话本引起如此热烈的市场反应而已。

如果使用运营商的2G/3G/4G 网络，微信电话本通话一分钟消耗约300K 流量，花费为0.03~0.15元。这样的费用实际并不是很便宜，反观运营商的语音通信资费情况，在一些本地3G 或4G 资费套餐中，语音通话费已经降至0.1元以下。三大运营商也有类似的语音通话免费套餐，而且从用户体验上来说不需要受制于网络状况，通话质量更有保证。微信电话本通过读取用户的本地通信录以及微信联系人来实现“免费”的网络通话。

运营商的思维也越来越开放，中国移动已开始研究短信将按流量收费的方案。按此发展下去，通话收费方式大幅度调整也是势在必行的事情。运营商的态度转变，意味着网络电话市场空间即将开放。而且现在互联网企业和运营商双方的重心也都不在语音这方面。在2014年6月举行的亚洲移动通信展上，中国移动 CEO 李跃表示：“不管别人怎么样，融合通信我们年底就商用，现在正在推动实验室测试、外场测试。”

综合考虑这些背景，有分析人士认为，腾讯选择这个时候将微信电话本推上前台，其真正目的在于借微信的影响力率先抢占网络通话市场，并不是为了推广免费语音。即使与通信运营商未来可能推出的流量通话相比，腾讯也依然有着优势。

微信电话本受制于网络流量不难理解，虽然不少用户反映通话音质明显优于普通电话，但要求通话双方必须都安装该应用，都使用微信登录，并开通免费通话功能。而且，如果想要接到对方打来的免费电话，你必须在线。另外在连接 WiFi 的情况下，通话质量比较好，在未连接 WiFi 的情况下，通话效果受网速影响较大，中间会出现时断时续的情况。

不过无论是服务质量，还是流量问题，在未来肯定都会有变化。互联网软件的服务质量本身就是日新月异的。而且随着免费 WiFi 的普及，运营商很有可能连流量费都收不到。

从腾讯的角度出发，微信电话本的推出，一是能帮助腾讯更早启动移动互联网入口，跟其他 APP 相比抢占了先机；二是提高了微信的用户黏性。其实微信电话本的功能，手机 QQ 和微信都能实现，但是腾讯这次单独推出微信电话本，并且很意外地没有移植以往用户在 QQ 和微信上的任何社交资源，其实也跟政策有关系。万一网络电话被禁，被封的也只是微信电话本这个软件，对腾讯微信和 QQ 不会造成影响。这样看来，微信电话本对于腾讯也有一定的试水性质。

原意也好，不是有意为之也好，即使这款软件与其他互联网厂商曾经推出的通信社交产品并没有太大的区别，由于腾讯和微信强大的影响力，该产品一经推出，也会被摆在运营商的对立面，被贴上“冲击”“颠覆”甚至“取代”的标签。竞争与合作并存，OTT 与运营商之间的博弈仍会继续，而腾讯这次新推出的微信电话本，真的会再次成为通话市场的颠覆者吗？

第十章　大腾讯，下一站

当一个市场的机会越来越多时，与其都抓在自己手里，不如利用自己手中的资源，让更能干的人为自己赚钱。腾讯收购的小企业越来越多，此举能扩大其业务，而且还能使高黏性的业务结合，更好地发挥规模效应。

腾讯对于未来将要拓展的业务越来越清晰，除了大量的海内外投资，还在向云建设和互联网金融发起强势进攻。这一切让人们有理由相信，腾讯的下一站会更加精彩。

第一节　拥抱变革，腾讯云

1. 腾讯云：开放平台升级

开放平台，是一种新型的网络服务模式。平台会先为用户提供一项基础服务，然后通过开放自身的接口，使第三方开发者通过运用和组装平台接口产生新的应用，并且该应用能统一在平台上运营。

开放平台的核心价值在于通过自身服务和第三方应用的互利互惠，提高用户对应用和平台的整体黏度。

它的出现，使很多新兴创业者在很短的时间内得以实践自己的创意，同时也创造了用户、平台与创业者共赢的新生态。可以说，它的出现，实际上是互联网产业进一步分工的产物，使得互联网“生产力”水平进一步提升，是互联网“生产力”的又一次变革。

中国互联网的开放平台市场已经进入发展和深化运营阶段，已经出现了多元化的格局以及多种平台与开发者合作共赢的模式。而不同类型的平台则由于其自身不同的特征和能力，形成了各自的优势。

腾讯云正是腾讯开放平台的升级，它提供的服务包括云服务器、云数据库、云存储和 CDN（即内容分发网络，可使内容传输得更快、更稳定）等基础云计算，也包括腾讯内部的微信、游戏、移动应用等行业解决方案。腾讯云是2013年9月正式对外开放的，由2010年年底上市的腾讯开放平台演进而来。

腾讯云基础架构非常深厚，在互联网服务方面的经验经过多年积累非常丰富，云服务完全有能力覆盖到社交、游戏以及其他领域。腾讯在云端完成重要部署，为开发者及企业提供云服务、云数据、云运营等整体一站式服务方案，具体包括云服务器、云存储、云数据库和弹性 Web 引擎等基础云服务；腾讯云分析、腾讯云推送等腾讯整体大数据能力；QQ 互联、QQ 空间、微云、微社区等云端连接社交体系。腾讯云在行业内实际是有自己独特的优势的，那就是腾讯这么多年来在各个领域都不缺乏产品经验。

国内互联网三巨头——百度、阿里巴巴、腾讯都陆续开放了自己的云平台。因为腾讯云向业界推出的时间是最晚的，所以很多人以为腾讯在这方面已经落后。但实际上腾讯云服务很早就开始做了，只不过开放是逐步进行的，到全面开放时比较晚。腾讯云北京研发中心总监郑立峰在演讲中曾介绍过腾讯云的来龙去脉：“腾讯云其实是把腾讯已有的一些基础技术逐步地包装成产品开放出来，就是这样来做的。实际上腾讯云诞生也已经有四年了，我们是2010年就开始做腾讯云这件事的。在头三年里面一直没有对外开放，主要是给腾讯的合作伙伴用。腾讯的开放平台，从2010年开放到2013年，已经积累了比较大的用户群，有上万家腾讯的合作伙伴用上了腾讯云。在2013年9月的时候，腾讯云正式对外开放。”

云服务出现之前，服务器的运营与维护需要一笔非常庞大的费用，是创业者们的一大难题；而有了云服务之后，能大大降低创业者的成本，尤其是在服务器、存储以及带宽方面的成本。云服务的商业模式是通过繁殖大量创业公司提供的丰富的个性化产品，以满足市场上日益膨胀的个性化需求。其繁殖方式是为创业公司提供资金、推广、支付、物流、客服等一整套服务，把自己的运营能力像水和电一样让外部随需使用。云服务的基础是云计算，云计算的基本原理是使计算分布在大量的分布式计算机上，而非本地计算机或远程服务器中。这使得企业能够将资源切换到需要的应用上，根据需求访问计算机和存储系统。这种服务类型旨在将网络中的各种资源调动起来，为用户服务。云在互联网中的地位变得越来越重要，越来越具有基础性作用。

腾讯的云平台网站的宣传语是“让10个人的企业可以向亿万用户提供高水准的服务”。腾讯云的定位就是服务互联网应用开发者，包括计算云、数据云、个人云三个层面，主要的产品类型有服务器、云数据库、NoSQL高速存储、罗盘、CDN、云监控和云安全等。腾讯云不同于百度云，百度为开发者提供的全部都是PaaS级服务。PaaS是平台即服务，即“Platform-as-a-Service”的缩写，是一种把服务器平台作为服务提供给开发者的商业模式。百度的服务主要包括虚拟开发环境、开发组件以及测试工具等。而腾讯的侧重点是在 IaaS 层面上，即基础设施即服务，意味着消费者通过 Internet 可以从完善的计算机基础设施上获得服务。而腾讯云与阿里云在业务的内容方面比较接近，相互的竞争性更强。

现阶段的腾讯云依然有着稳定性还未被验证的问题，这也是整个中国云服务行业共同的问题。现在整个中国云服务行业从速度到售后服务等都有不少毛病，让许多使用云服务的中国开发者对其信心不足。腾讯云的服务质量也仍然在被验证的路上。

腾讯云还有一种叫作“云监控”的功能，主要是针对服务器和存储进行监控的。此外，还有对应用中用户行为数据进行分析的腾讯罗盘、云安全和 CDN 等增值服务。腾讯选择 IaaS 服务很可能是因为它有着更强的黏性，尤其是从数据的迁移难度和服务类型等方面来看有这种特性。

腾讯希望能通过逐步的开放与良好的口碑吸引开发者来尝试腾讯云的服务。然后，通过腾讯强大的社交资源来打动开发者，达到把开发者留在腾讯生态系统中的目的。

2. 腾讯云助力创业者

如腾讯内部所说，腾讯云早在正式开放之前，就已经帮助不少合作伙伴实现了他们的创业梦想。只不过这一切做得如此低调，和腾讯一贯的风格一样，在不声不响中就获得了成功。

现任上游信息科技 CEO 的80后刘智君，也是和腾讯云合作的众多创业者之一。年轻有为的他，早早就担任过联众世界端游产品经理、人人游戏网页社交游戏研发负责人以及世界著名游戏公司 EA 大中国区产品总监，却依然心怀梦想，于2012年毅然辞职开始创业。因为缺乏足够的资金，原本想做手机游戏的他不得不考虑各种成本，最后放弃了手游而改做页游。

互联网创业的一大难题就是创业成本，很多创业者就是因为缺少资金倒在了第一步，尤其是服务器这一项的巨大成本，除此之外还要考虑服务器类型、服务器管理、服务器监控、服务器安全、数据安全、数据库参数优化、数据迁移、数据库性能等大量问题。腾讯早期最大的困扰也同样是服务器成本。当初马化腾差点贱卖 OICQ 就是因为买不起服务器。

刘智君信息灵通，头脑也很灵活，机智的他开始寻找外界的力量，很快就发现腾讯云可以帮助他解决服务器等创业初期相关的问题。他从研发第一个作品《塔防三国志》开始就和腾讯云合作。腾讯云帮助他解决了服务器的稳定性和安全性等问题，腾讯云的技术客服团队还帮他解决了不少技术问题。除了技术上的支持，腾讯云甚至给刘智君团队所研发的游戏更实际的市场上的支持——迅速聚集的数百万玩家。腾讯云对刘智君团队的支持简直是全方位的。刘智君和他的团队很快就在3个月时间内让游戏的日活跃用户超百万，月收入超过了千万，还把游戏移植到了移动平台。就在短短一年时间后，公司便被掌趣科技宣布以13亿人民币的惊人价格收购。

实际上，2012年，腾讯开放平台开始加大对游戏开发者的扶持力度，腾讯开放平台上涌现了不少十分有潜力的社交游戏公司。而刘智君和他的团队的《塔防三国志》正是在2012年度腾讯开放平台举办的应用创新大赛上获得游戏类第一的好成绩，从此开始走上了成功的道路。

“腾讯的机制对于中小型企业发展是一个很好的契机，会教你，会帮你，会推你……相比自己苦哈哈地单干，腾讯提供了大量的免费资源让我们使用，还派过技术人员帮我们解决服务器问题。”刘智君被采访时承认腾讯云对自己有很大帮助。

资料链接：

腾讯开放3周年介绍

2011年6月15日，腾讯集团首席执行官马化腾宣布“腾讯全面开放”，腾讯开放平台也应运而生，成为连接腾讯与开发者的纽带。腾讯开放平台致力于为中国互联网创业者提供最好的创业环境，打造有中国特色的互联网创业生态圈。

2012—2013年腾讯帮助开发者在PC时代取得了很好的成绩，数十万第三方开发者通过腾讯开放平台实现了快速的成长和赢利；2014年随着全球移动化的到来，腾讯开放也全面拥抱移动化，腾讯移动开放战略的发布，使应用宝成为腾讯乃至整个移动互联网最重要的分发平台，开发者仅通过应用宝即可实现一点接入全平台分发；创业环境越来越优越，腾讯创业基地为开发者打造一站式创业平台；扶持范围越来越全面，除了腾讯的平台全部开放给开发者，坚持通过“腾讯开发者沙龙”“腾讯创业公开课”“中国互联网创新创业大赛”等为开发者提供经验分享、培训支持、创业扶持等。

截止到2013年，入驻腾讯开放平台的企业有10家月流水过亿，月流水过千万的企业更是高达26家。在过去的3年里，腾讯开放平台共计培育和扶持了数十万开发者，累计为第三方开发者创造收益高达50亿元，未来2年还要再为第三方开发者创造100亿收益！

第二节　再造钱渠：布局互联网金融

1. 理财通：抢滩互联网金融

互联网金融，是当下互联网新兴的“掘金地”，近几年互联网巨头们对挖掘这块“掘金地”十分积极，竞争呈现白热化趋势。业界普遍认为，互联网金融的热潮由阿里系首先掀起。这次马化腾依然后发制人，抢滩的时候毫不手软，魄力十足，看得出来马化腾对互联网金融这个市场的重视。

说起支付这档事，还是要先从马云说起。早在2012年9月，马云就宣布阿里的未来定位为“平台、金融和数据”三大核心。2013年春天，阿里筹建小微金融集团，与阿里巴巴集团并行，主要业务范畴涉及支付、小贷、保险、担保等领域，其团队成员来自从支付宝拆分出来的共享平台事业部、国际业务事业部、国内业务事业部及原阿里金融。2013年6月，阿里支付宝跟天弘基金合作推出余额宝，余额宝在全国迅速火了起来，总规模无比庞大，不仅将天弘基金的规模从一个业内中等水平推到全国第一的位置，更是引起了互联网金融和传统银行业的不小争议。阿里系的金融版图与电商紧密相连，除了以支付宝为核心的消费金融，还有以小贷为核心的小微企业金融。此外还有马云与马化腾、马明哲联手设立的众安在线财产保险公司。阿里的国内牌照在互联网公司里也是最多的：第三方支付牌照、基金牌照、担保牌照和小贷牌照，还包括在申请当中的银行牌照。

随着腾讯和阿里的竞争愈演愈烈，腾讯在互联网金融方面的动作也越来越密集。2014年伊始，腾讯便建立了微信理财通平台与基金合作，同时也在涉足证券行业。有评论者认为，这意味着互联网金融开始正式向传统金融发起进攻。

理财通是由腾讯公司推出的基于微信的金融理财开放平台，首批接入华夏基金等一线大品牌基金公司，在2014年1月16—28日进行公开测试。

微信理财通设置在微信“我”界面的“我的银行卡”频道中，微信理财通客服正式上线。在“我的银行卡”频道里，投资者只要绑定相关合作银行的银行卡就能购买微信理财通。据微信相关人士透露，微信理财通上线仅仅6个工作日，规模便过百亿。不难看出腾讯这次在金融理财领域的进军直接构成与阿里的竞争，也和双方手机支付、打车之战等竞争分不开。在临近春节的时候，微信朋友圈就流行着一个名叫“新年红包”的轻应用，不仅微信好友之间可以互送红包，而且还可以将红包发到微信群，让好友们互抢。这些红包只是为了回馈微信用户吗？当然没那么简单，因为抢到红包后，用户还需要绑定一张银行卡才能进行提现。用如此巧妙的方法，以强大的用户社交功能为基础，微信轻松搞定了不少用户的银行卡绑定。

紧接着的1月底，微信上传播着一个消息：一个多月前绑定微信支付的账号只有2000万左右，但近一个月“滴滴打车”推广和抢红包功能推出后，微信支付的绑定量直线上升，已经超过了支付宝钱包1亿的账号数。虽然据相关人士的消息，准确数字还未过亿，但微信支付的账号的确已经具备和支付宝钱包竞争的实力。

理财通的合作方共有4个基金。其中华夏基金率先上线，其管理的货币基金刚上线的7日内年化收益率就达到了7.9%的高峰值，略高于余额宝同期的收益率。不过从长期看，其基金的收益率和余额宝的收益率相差不大，相互都构不成收益率的优势。微信理财通和余额宝一样，也是限额购买，农业银行、中国银行、建设银行可以实现单笔最高5万元转入，单日50万元封顶，但招商、民生、兴业等银行单日单笔转入限额仅5000元。

2. 佣金宝：挑战证券行业

2014年2月20日，腾讯和国金证券推出首个互联网金融产品——佣金宝。佣金宝的运作对投资者有很大优惠。投资者通过腾讯股票频道进行网络在线开户，即可享受万分之二的交易佣金，同时账户里的保证金还能享受理财增值，同时获得高品质信息。听上去，这就像是证券行业内的余额宝，让整个证券行业受到了巨大的震动。

佣金宝的运作模式，和2013年阿里和天弘基金在余额宝上的合作十分类似，背后的公司也都是“互联网巨头＋行业内弱势公司”的组合。国金证券在证券行业内业绩并不抢眼，只能算是中等水平，2013年收入在15个亿左右，大约只有国内最强的证券公司中信证券的1/10。其投资渠道也非常少，只有30家，而且还基本集中在四川这一个省。企业对渠道的需求是十分强烈的，这正使国金证券和腾讯的合作有了可能性——互联网巨头带来的渠道实在太有吸引力了！有先例在前，阿里和天弘基金的合作，让天弘基金的实力迅速增强。

佣金宝跟传统证券比起来有三大优势，一是互联网入口，二是几近免费的佣金费率，三是提供保证金理财和高品质信息服务。这几个优势，使佣金宝对传统证券的冲击跟余额宝对银行的颠覆如出一辙，吸引用户的能力自然不在话下。

第一，让券商的线下渠道变得可有可无。传统券商拓展和维系客户主要依靠线下的营业部、银行等渠道，非现场开户业务并不能改变这一点。券商的渠道基本与规模相当，能建多少营业部就能收揽多少客户，不少券商都把扩张的集中点放在拓展营业厅上，努力获批营业厅，打算以渠道带动扩张。但是腾讯和国金证券的合作意味着什么呢？互联网的引入，会让线上渠道变为可能，而且线上渠道一旦发展起来会迅速壮大。这对改写券商的格局无疑是重要的一笔。

第二，交易佣金从收费向免费的转变。券商的佣金一向是不公开的，券商的所有营业渠道都不会给出一个透明的价格，而且费率在不同券商、不同地区、不同个人方面都有差异。显然，这种明显的信息不对称能让券商获利不少，现在很少有行业能如此不透明了。如果有公司打破行规，互联网也会让佣金变得透明，这和网民在网上淘商品时是一样的，所有商品价格或佣金都在网上，供消费者或投资者比较和选择。结果显而易见，那就是价格会越来越低，最后佣金会走向免费。互联网的出现，必然会打破信息不对称和地域差异这些行业不合理传统。

第三，从只服务大户的模式转向注重散户。传统行业都是选择服务大户，忽视散户，根本原因就是其渠道服务成本太过昂贵。还是以余额宝为例，余额宝能让银行都紧张的原因就是其吸引散户的能力，它的门槛比银行低多了，几百几千元的闲钱理财获利比银行大。这样的资金能力必然存在于一些中低等收入群体，而其数量是十分庞大的。佣金宝的运营思路和余额宝实质是一样的，它能满足过去券商忽视的群体的需求，即使现在在券商看来这个群体的服务价值并不高，但在互联网的发展形势下，券商的服务模式转型是不可逆的。

因此，综合来看，佣金宝对券商的影响是巨大的，它甚至撼动了证券行业的根基。

银行的根本收入来源于存贷差，而余额宝虽然汇聚了许多的钱，但并不能直接进行信贷，因此银行的利润还是有保障的。券商的情况就大不相同了，传统券商的经纪业务能给其带来大量收入。以行业龙头的中信证券为例，其经纪业务收入占主营的38%。此外，海通、广发等均占40%左右，招商证券甚至占到60%，而与腾讯合作的国金证券本身的经纪业务也占50%。现在的佣金率是万分之二，大概是之前的一半，这意味着经纪业务收入的下降也可能是之前的一半。

不过，证券市场的用户数和交易量未必会因为佣金费率下调而火速增加，因为证券行业受股市这个大背景的影响，股市好的时候，开户数和交易量必然会增长；而在股市不好的时候，费率再怎么下调也很难增加开户数和交易量。因此，在股市并没有特别红火的情况下，费率的降低必然带来券商收入的降低。这意味着券商佣金费率一旦被颠覆，市场必然推动券商加速转型。

因此，综合以上种种，佣金宝的扩张速度很可能比不上余额宝，余额宝让天弘基金在短短时间内成为基金界的老大，国金证券就有点困难了。

互联网对传统行业的冲击是多层次的，它早已不只局限于科技层面的创新，其影响力足以冲击所有传统行业。尤其是近两年互联网对金融行业的冲击愈加剧烈，证券行业只是一个方面。马化腾曾在全国政协会议上提出，互联网对传统行业的改变，是外在能力对原有资源的提升。它对金融是一种改良，也是一种颠覆。腾讯2013年推出微信支付，在交易额上并没有和支付宝产生竞争，而是专注于培养用户的支付习惯，而2014年通过全面开放微信支付接口和理财通平台以及虚拟信用卡，建立起了围绕微信支付用户方面的金融闭环。因此，腾讯始终依靠微信支付及其用户资源、流量资源，建立移动互联网的金融生态系统。

3. 从线上到线下：首批民营银行牌照

银行业一向稳定，如今却面临着突如其来的冲击，而这股冲击正来自现在所向披靡的行业——互联网。除了阿里和腾讯的金融崛起，还有京东、百度也在布局小贷公司，传统的银行发展受到了很大冲击。

如今互联网巨头们纷纷申请民营银行牌照，对传统金融发起全面的进攻。

早在2013年9月，不少媒体报道腾讯控股在申请设立民营银行，且获广东政府批准，已经上报银监会。而且还有媒体指出广东地区有3家企业正在申请民营银行，除了深圳的腾讯控股，还有广州的香江集团和揭阳的中德产业园。正是在此消息的作用下，腾讯股票市值突破千亿美元大关，成为中国首家市值超过千亿美元的互联网企业。不过一向跟媒体不亲近的腾讯官方否认了这一说法，称腾讯仅仅是申请设立民营银行的参股联合投资体的其中一方，并不是独立申请，而这次参与只是支持政府的政策。2013年6月，《前海深港现代服务业合作区综合规划》出台，明确提出深港两地人民币同业拆借、跨境贷款、离岸结算、港资金融机构准入、内地公司投资港股等多项细分金融领域合作内容。

腾讯发出的公告澄清了公司申请银行牌照的相关事宜。腾讯的这份公告是应港交所的要求而做出的。腾讯在公告中称，公司目前没有直接申请银行牌照的打算。

在公告中，腾讯对于申请银行牌照做出以下回应：① 腾讯是一个财团的少数股东之一，该财团成立的目的包括寻求一个中国银行牌照以提供银行服务及若干网上金融服务，而腾讯将会以网上平台及用户界面来补充该服务；② 腾讯目前没有直接申请银行牌照的打算。腾讯同时称，公司确认媒体的这些信息不是内幕消息。

无论腾讯此举是否属于独立申请，从其在互联网金融上的布局来看，申请民营银行牌照也在情理之中。现在的金融业正是互联网巨头们最感兴趣的领域，前景十分乐观。据有关媒体消息，除了腾讯，还有苏宁、阿里巴巴、京东等多家企业在申请民营银行牌照。

据相关消息，各地方于2013年10月前征集民营银行发起人，并完成相关协议的签署，敲定募股方案，工商注册登记名的预核准工作也顺利完成。2013年11月—2014年1月，相关部门在温州、北京和深圳等地选择性地批准1~3家民营银行，继而进行股东资格审核和验资工作，然后银行才得以开业。作为参考，早在2012年，“三马”卖保险的消息就传得沸沸扬扬。但是2013年2月，众安在线财产保险有限责任公司才获得保监会的批文，然后经过很长时间的筹备，到2014年才正式开始开展业务。

互联网金融如今是BAT巨头的必争之地。阿里巴巴集团创办人马云曾扬言，银行不改变，就由他带来变革。

2013年12月，腾讯在深圳前海深港现代服务业合作区成立多家公司，经营业务为电子商务和金融，总注册资金16亿元。根据国务院批复，前海主要试点项目为金融改革，包括跨境贷款、赴港发债、外资股权投资基金、港资运营总部设立等多条政策涉及深港市场深度合作。民营银行试点细则早已成型，基本要求包括：发起民营银行注册资本金在5亿~10亿元；民营银行股东应为民营资本而不是国资。腾讯完全符合上述要求。马化腾曾公开表示，腾讯在前海的分公司具体运营业务包括互联网金融、微信支付、小额信贷、股权投资和外汇业务等，腾讯在前海的投资不会少于100亿元。2014年3月11日，银监会主席尚福林宣布已确定5个民营银行试点方案。试点采取共同发起人制度，每个试点银行至少有2个发起人，同时遵守单一股东股比规定，分别由参与设计试点方案的阿里巴巴、万向、腾讯、百业源、均瑶、复星、商汇、华北、正泰、华峰等民营资本参与试点工作。之后，阿里巴巴和腾讯相继证实了上述消息。其中，阿里方面透露正在与万向控股联合申请一家民营银行，目前正在申请资料准备阶段。腾讯表示，将在深圳前海牵头成立民营银行。

据称，由腾讯和深圳百业源公司牵头申报的民营银行暂时定名为“前海银行”。奇怪的是，“前海银行”这一名称早在2012年便被另一企业抢注了。因为它已经被注册，所以此新设民营银行最终的名称还会更改。

腾讯在申请时提出的方案显示，它希望筹建一种网络化、无人工的网络银行，但银监会此次批准民营银行的标准正是差异化精英。首批民营银行试点方案分4种模式：第一种是小存小贷模式，以吸收小额存款、发放小额贷款为主要业务；第二种是大存小贷模式，以大额存款、小额贷款为主要业务；第三种是公存公贷模式，只有对公业务，为中小微企业主服务；第四种是特定区域存贷款模式，如只在自贸区等特定地点开设，深挖客户。其中，腾讯和百业源采取的是大存小贷模式。为了符合银监会提出的“大存小贷”定位，腾讯摒弃了最初的网络银行思路，进行了新的定位。

总体来说，民营银行相比较大银行而言，更加注重社区和服务个人，这和腾讯的金融路线是一致的。值得参考的是美国，美国的社区银行数量在5000家左右。社区银行一般都只在城市里的一个区里服务，主要业务是给当地一些小型的企业提供贷款，包括理发店、餐馆、小超市等。做此类业务靠的就是平时在社区内的人际关系和相互信任。

2014年7月有消息称，银监会党委书记、主席尚福林在银监会2014年上半年全国银行业监督管理工作会议上披露，银监会已正式批准3家民营银行的筹建申请，其中就包括腾讯。

这3家民营银行分别是：以腾讯、百业源、立业为主发起人，在广东省深圳市设立的深圳前海微众银行；以正泰、华峰为主发起人，在浙江省的温州市设立的温州民商银行；以华北、麦购为主发起人，在天津市设立的天津金城银行。7月中下旬，3家试点银行筹建小组向银监会提交了正式的筹建申请，并获得了银监会的批复同意。下一步，银监会将继续指导另外2家首批试点银行的筹建小组加快完善和确定筹建方案，适时扩大试点范围。随着民营银行获批消息传出，A股市场上民营银行概念股股价迅速上涨，出现涨停等火热情形。

3家试点银行在发展战略与市场定位方面各有特色，目标却都是为实体经济发展提供高效和差异化的金融服务。其中，深圳前海微众银行以重点服务个人消费者和小微企业为特色。而作为深圳前海微众银行的大股东之一，目前腾讯持股达30%。腾讯方面表示，希望通过互联网连接广大的消费者、中小微企业、优秀金融机构，形成一个良好的金融生态圈，为更多个人和中小企业及创业者提供特色服务。2014年选择民营银行试点的标准之一是“有差异化的市场定位和特定战略”。民营银行差异化战略也有望补足金融市场中的盲点。

顺利获得首批民营银行牌照，对腾讯来说是一大幸事，这意味着它可以早在民营银行领域做出一些尝试。腾讯方面表示，将完全依照与民营银行相关的法律和银监会制订的规定筹建该民营银行。在传统银行业务基础上，该民营银行将借助腾讯在互联网行业的优势，围绕互联网金融进行创新，更高效率、更大范围地服务好用户。不过银行的开业不是那么简单的事，腾讯开展了很多筹建工作，真正开业是在2015年。

BAT中的两大巨头在民营银行都有动作，百度方面也不示弱，也表示出希望参与发起一个民营银行的意向。李彦宏2014年做客高端访谈节目《企业家说》时表示，百度希望参与发起一个民营银行。

在这个全新的金融领域，腾讯当仁不让地领航，表现出布局互联网金融的野心与战略眼光。

第三节　小企鹅大野心：收购狂潮

1. 战略布局：多领域投资

腾讯并购投资部团队不过20人，该部门素来被认为是腾讯"最神秘的部门"。2011年年初，腾讯宣布成立产业共赢基金，开始时其投资规模为50亿，据称2014年年初此投资规模已超过100亿元，投资项目遍布程序软件、手机应用软件、游戏、在线旅游、金融、地图、电商等十几个领域。该部门所有业务状况直接向集团总裁刘炽平汇报。

该部门的人数非常少，对人员的要求却很高，其招聘广告是这样的："我们的投资团队来自谷歌、微软、贝塔斯曼投资、经纬创投、摩根士丹利，并都具有北大清华或是海外名校背景。"据称他们的效率非常高，每年要看200多个项目。

众所周知，近年来能被腾讯看上的公司，都是十分幸运的、荣耀的，而且会带来股价的攀升。从腾讯方面看来，其投资主要是从战略布局上考虑的。腾讯近几年在国内的收购依旧体现出多样化、范围广的特点。

90后大专毕业生雷浪声就是其中一例。他在大学期间攻读游戏专业。从2011年大二暑假起，他和通过互联网认识的创业团队成员一起开始开发手机软件"刷机精灵"，不久后便获得了百万级人民币的天使投资基金。随后雷浪声便成立了公司，不到几个月又接受了1800万元人民币的投资入股。2014年8月，腾讯便以6000万元人民币全资收购雷浪声的公司。一个刚毕业的年轻人就这样成了千万富翁。

2013年9月，腾讯和搜狐联合宣布，腾讯向搜狗注资4.48亿美元，并获得搜狗36.5%的股份，此举很可能会改变搜索市场的格局，随之出现三天分下的状况。现阶段搜索市场上，百度仍然具有绝对优势，而360和搜狗的发展势头都不错，如今搜狗又多了腾讯平台，更有威胁百度的实力。在腾讯投资后，搜狐及其关联方仍是搜狗的控股股东，而搜狗将继续作为搜狐的子公司独立运营。在新成立的搜狗公司中，张朝阳继续担任董事长，腾讯总裁刘炽平和首席运营官任宇昕出任董事，王小川继续作为董事和首席执行官领导整个公司发展。自2010年8月搜狗从搜狐分拆出来以来，营收连续两年保持三位数以上的季度增长率，是业内增长最快的公司之一。根据艾瑞数据，搜狗的总用户数也已经突破4亿。其“输入法—浏览器—搜索”的商业模式有着独特的优势，且搜索量处于不断的增长当中，这些都是腾讯看上它的原因。

再者，搜狗和腾讯旗下的搜搜都是国内领先的搜索软件，二者在之前多有竞争，现在展开战略合作也是为了联合起来实现一加一大于二的效果。腾讯也深深理解在现如今的互联网市场单打独斗已经不能完全满足自身的发展需求，在适当的时间，与对手合作才是更好的选择。

“此次战略合作将扩大搜狗的市场占有率，并提升其在竞争激烈的PC搜索市场以及快速发展的移动搜索市场上的领先地位，”搜狐董事长兼首席执行官张朝阳表示，“搜狗将继续作为搜狐的战略资产，与我们其他的业务产生协同效应，并为搜狐股东创造更大价值。”

“与腾讯搜搜合并，令我们非常振奋，我们也因此成为腾讯最亲密的战略合作伙伴。与腾讯核心平台深入结合，并依托双方强大的创新能力，不仅搜狗搜索会有更大突破，我们还将引领移动互联网多个领域的创新，”王小川表示，“例如，在腾讯移动即时通信服务情景下深度优化的搜狗输入法将带来卓越的输入体验，而搜索与社交网络的合力将带来巨大的想象空间。”

此外，腾讯在SNS、电商、游戏方面动作不断，收购了不少公司：2010年战略投资易迅，打开了电商市场；2011年收购魔乐手机管家，与豌豆荚、91助手竞争；2012年收购美国视频游戏公司Epic少数股份，加强游戏布局等。据媒体的报道统计，腾讯的投资就是在近四五年开始发力的，已进行了至少40余次对外投资，而腾讯在此前11年间的并购交易才30多项。财报显示，腾讯在2011年就将超过70亿元人民币压在了对外部公司的投资上，涉及国内外的数十家公司。

通过腾讯与3个不同领域巨头的合作我们可以看到，当一个项目迟迟不见起色甚至会拖累整个腾讯帝国的时候，腾讯会果断选择与对手合作，整合产业链。腾讯将搜狗、大众点评、京东等重要企业捆绑在自己周围，形成了一个生机勃勃的生态圈。当仅凭一己之力无法达到一定高度的时候，腾讯就会找准时机，和对手强强联手，获得更大的力量和更多的利益。腾讯明白，没有永远的敌人，只有永远的利益。

以下是腾讯近几年收购及投资的不完全统计：

游戏。热酷（2012年2月，战略投资，金额不详）、Riot（2011年2月，完全收购，16.79亿）、网域（2010年4月，收购29%股权，1.418亿）、游戏谷（2012年3月，共持有62.5%股权，增持1.35亿）。

电子商务。同程网（2011年1月，收购30%股权，5000万）、好乐买（2011年5月，C轮融资，3.2亿）、柯兰钻石（2011年6月，3.2亿）、高朋（2011年2月，50%股份，3.25亿）、易迅（2012年5月完成控股，金额不详）、艺龙（2011年5月，收购16%股份，5.5亿）。

移动互联。创新工场（2011年6月，共同出资，总规模7亿）、A－fund

（2011年4月，共同出资，总规模1亿美元）、乐蛙科技（2012年7月，战略投资，5000万）、买卖宝科技（2012年5月，战略投资，4亿）。

其他。金山软件（2011年7月，15.68%股权，7.3亿）、华谊兄弟（2011年5月，4.6%股权，4.4亿）、Discuz（2010年8月，完全收购，2.8亿）、财新传媒（2012年7月，战略投资，金额不详）。

2. 海外投资：17亿收购《英雄联盟》

马化腾在接受媒体采访时曾坦言，他心目中腾讯最成功的海外投资便是收购RiotGames，做了《英雄联盟》。根据马化腾的说法，这款游戏现在的同时在线人数已经超过500万，早已超过《魔兽世界》，成为世界第一大在线游戏。

2014年1月，著名游戏博客Kotaku发表了一篇文章，称Riot的数据表明，《英雄联盟》目前平均每天的玩家数量已经超过2700万，这一数据目前没有任何游戏可以超越。以下是Kotaku博客的原文翻译：

> 今天，Riot给我们带来了一则有趣的消息，《英雄联盟》每天的玩家数量已超过2700万。“2700万”是什么概念呢？简单来讲，如果《英雄联盟》的所有玩家组成一个国家，那么这个国家将会在全世界244个国家里排第45名。在这则消息的开头部分，Riot表示每月都会有超过6700万的玩家玩《英雄联盟》，并且在节假日等高峰期，同时在线人数已经突破了750万。而且《英雄联盟》不只在国内很火，无论是在欧洲、北美，还是东南亚，它都属于最热门的网游之一，甚至占据头名，俨然已经成为全球性的游戏。

成立于2006年的RiotGames，其主创团队成员包括来自Dota - Allstars的核心人物和暴雪等著名游戏公司的美术、程序、策划人员。2008年RiotGames融资800万美元，腾讯就是三大投资者之一，并从此获得了《英雄联盟》中国大陆代理权。2009年10月底腾讯公司上线了《英雄联盟》，这款游戏时隔两年才在中国大陆地区正式发行。2011年腾讯收购了RiotGames。腾讯2011年第三季度财报显示，这次收购共花费现金2.31亿美元，交易前持股22.34%，完成此次交易后持股92.78%。腾讯更披露，在后续的交易完成后，总收购金额为16.79亿人民币，除了已支付的现金15.25亿元（约合2.31亿美元），还会有股权认沽期权价值1.55亿元。不过交易完成后，虽然腾讯是最大的控股公司，但仍然让RiotGames原创始人及管理团队全权负责公司的运作。另外，腾讯还计划向优秀雇员授予200.9万股公司股份进行激励。

在当时游戏还未进入中国市场就用如此重金收购Riot，再看收购之后获得的巨大的成功，我们不得不佩服马化腾投资的眼光和魄力。值得一提的是，2011年的收购完成后，当年RiotGames并没有给腾讯带来盈利，而是亏损。腾讯当年的财报显示，2011年RiotGames为腾讯带来4.13亿元营收，但是净亏损达到8.21亿元，RiotGames的营收及亏损实际上就是腾讯这个大股东的。

不过，这样的亏损并没有影响到腾讯对RiotGames的信任，腾讯并没有因此而干涉RiotGames的运营，一切照旧。随着市场的打开，《英雄联盟》吸引到了数量庞大的玩家，美国市场调查公司SuperData的数据显示，RiotGames在2013年收入达到6.24亿美元，成为全球收益第二的免费游戏。接下来的2013年4月—2014年3月，《英雄联盟》的收益更是达到了9.27亿美元。

马化腾对RiotGames的信心，也许来自该公司团队与腾讯有着类似的特点，那就是专注于游戏用户体验的提升。《英雄联盟》自从2009年推出，一直都在不断完善和升级，公司团队对游戏进行升级的频率是大约每周一次。又因为整个公司只做这一款游戏，所以完全不会因其他业务分心。据《福布斯》某专栏作家分析："他们（Riot 团队）会花费数周时间去研究新皮肤的图案和动画效果；聘请专门的作曲家制作登录音乐。这种常人难及的持续专注是《英雄联盟》脱颖而出的深层次原因。"

《英雄联盟》跟市场上已经火热多年的游戏 Dota 有一些类似之处。但是 Dota 是一个非常男性化的游戏，几乎没有多少女玩家会参与。而《英雄联盟》比 Dota 的受众性更强，它降低了玩家门槛，同时对女玩家的吸引力更强。它操作简单，但游戏性又没有降低，吸引数量庞大的玩家能力极强。

其实，对 RiotGames 的收购，只是近些年来腾讯在游戏领域进行海外收购和布局的冰山一角。

国内互联网巨头收购海外网游公司并不罕见。盛大收购《传奇》开发商 Actoz、美国网游公司 Mochi Media、《龙之谷》开发商 Eyedentity Games。完美世界收购日本网络游戏运营商 C&C Media、《火炬之光》开发商 Runic Games、"星际迷航 OL"系列和《冠军在线》开发商 Cryptic Studios。相对比之下，腾讯的收购仍然是最成功的，而且收购的范围更加广阔，除了开发商，也包括一些平台、工具，甚至涉及了技术底层领域。

3. 并购大战：BAT 版"三国杀"

几年前，创业者最怕的就是被 BAT 盯上，尤其是腾讯。创业圈了里流传着一句话："如果腾讯做了，你怎么办？"因为巨头们的实力太过强大，当他们看中了某个创意，就能很快做强做大，他们巨大的资源能将创业者挤压到完全没有生存空间。

随着国内互联网业的逐渐发展，并购，这个在国际市场上已经习以为常的现象也越来越普遍，创业者们也越来越欢迎巨头们的收购。尤其是从2012年开发平台创立以后，腾讯与阿里巴巴、百度在软件收购方面的竞争变得越来越激烈，越来越具有战略意味，包括电商、地图、打车等一些新开发出来的领域。这种竞争具有瓜分的意味。某个领域一旦被BAT所注意，有它们参与，即使一开始这个领域一文不名，不被绝大多数创业者看好，也会迅速变成热点。

收购大战就是一场卡位之战。几大巨头花费数千万美元去投资一个项目，如果成功，可能就会吸收到不少用户，从而占领这一市场的相当一部分份额，这是一件相当划算的事。互联网领域日新月异，并购就是一场考验投资者智慧和眼光的战争。与移动、百度相比，腾讯的收购方向更为明确，更多的是移动互联网方面的动作，其移动互联网客户端上用户的覆盖量、忠诚度也占有不小的优势，尤其是微信更体现了这一优势。

收购有两种：一种是战略收购，另一种是业务收购。业务收购还得与自己的业务进行结合，比如，支付宝在手机上的操作业务，与阿里现在的业务紧密结合，那可以收购。但是战略收购就需要考虑移动互联网时代人的行为方式。一个公司只有相对比较成熟了，才有收购的意识，并且才能把收购来的公司进行好的运营。比如，著名互联网公司谷歌就收购了Youtube、Android、AdMob等多种类型的公司，这些收购来的公司对谷歌的发展有着非常大的帮助和促进作用，不仅仅是补充业务，更对谷歌公司的布局有促进作用。

阿里近两年投资了美团网、丁丁优惠、高德、微博、穷游、陌陌、UC等企业，表面上看来阿里的投资都是蜻蜓点水，看似每个投资都没有深入，但是仔细考究不难发现，其投资都是围绕信息流、支付流和物流这3个方面而展开。

再看百度的投资，包括去哪儿、爱奇艺以及10年前的hao123、点心、千千静听和91无线，其投资策略在于围绕着流量展开，而且百度的投资都是控股型，甚至是全资收购。

腾讯的投资对象更是包罗万象：热酷、RiotGames、买卖宝科技、金山软件、好乐买、柯兰钻石、游戏谷、同程网、艺龙、乐蛙科技、高朋、易迅、华谊兄弟、网域、Discuz、财新传媒等。腾讯除了在国内进行投资，还涉足俄罗斯、日、美、韩、东南亚等国家和地区。从这些被投资的企业可以看出腾讯的投资策略是全面开花、大规模进行。

2013年，百度收购了点心，阿里收购了友盟。再之后互联网几大巨头的大手笔越来越多，阿里以5.86亿美元投资新浪微博，又以2.94亿美元入股高德，百度以3.7亿美元收购PPS视频业务。从2013年的并购业绩来看，腾讯的规模领先。PC互联网的红利处于越来越小的状态，移动互联网成为互联网巨头们主要的战场，腾讯、阿里巴巴、百度这3个互联网巨头的投资和收购行为越来越密集，各自形成了不同的阵营，时不时也会发生一些利益摩擦。从整体的收购情况来看，阿里巴巴在赢利上更占优势，而腾讯在收购规模上更占优势。

根据雅虎财报透露的内容可知，阿里巴巴2013年第四季度总收入达30.58亿美元，较上年同期增长66%；净利润达13.63亿美元，较上年同期6.50亿美元相比，增长了1.1%。从单个季度看，阿里巴巴的营收和净利润已超过腾讯和百度。其中，腾讯2013年第四季度营收为27.83亿美元，净利润为6.41亿美元；百度同期营收为15.73亿美元，净利润为4.599亿美元。而阿里巴巴2013年第四季度营收还因为电商平台年底的促销活动而飙升。尤其是“双11”期间，淘宝和天猫商城销售额达到了数百亿人民币。

阿里巴巴营收大增主要依靠淘宝和天猫。天猫赢利有两种形式，一种是直通车，另一种是通过成交额收取交易费。正是天猫收取的交易费助推阿里巴巴营收快速增长，天猫现在就是淘宝的变现利器。淘宝将很大一部分免费流量导入天猫，天猫收取的交易费一般在3%~5%，甚至更高。简单地说，只要天猫平台成交总额不断增长，天猫营收就能水涨船高。雅虎公布的信息显示，阿里巴巴2013年第一季度到第四季度营收分别是13.81亿美元、17.37亿美元、17.76亿美元和30.58亿美元，2013年总营收为79.52亿美元。从利润来看，阿里巴巴处于领先位置。在可预期时间内，这一趋势会更明显。阿里巴巴第四季度营收主要来自服装，冬天服装的销售额很高，另外由于春节临近，电器、食品等的销量在第四季度也开始大涨。而一些商家有在年末清理库存的习惯，同样带动了天猫在年底销量大增。

腾讯2013年利润为25.43亿美元，随着在电商这一块和京东的业务合作，其未来利润会有很大改善。但是从规模的角度来看，腾讯依然处于领先地位，2013年总营收达到99.13亿美元。尤其是随着腾讯核心产品微信的进一步商业化，来自移动游戏和电商的收入可能会增加。另外，腾讯战略入股京东、大众点评，这些也会为其带来成规模的收入增长。

百度2013年总营收为51.29亿美元，受制于用户正从PC时代向移动互联网时代转移，百度正遭遇阵痛期，其当前规模在三大巨头中垫底。百度2013年利润为16.89亿美元，净利润总体上仅增长了1%，尤其在2013年第四季度其利润出现了0.4%的轻微下降，也远远落后于其他两家。

与2012年相关数据相比，阿里巴巴的利润实现了暴增，从2012年的14.90亿美元提升到了35.58亿美元，排名从第三上升到了第一。阿里巴巴的竞争对手，如京东、苏宁、国美等线上业务基本处于亏损状态，而它却一枝独秀，实现了营收和净利润的高速增长，其关键就在于淘宝和天猫的规模庞大。水能载舟，亦能覆舟，阿里巴巴的发展关键在于天猫的飞速发展，如果天猫发展放缓，阿里巴巴也会遭遇发展的瓶颈。

三大巨头各显神通，在收购方面铆足了劲，腾讯的规模占有优势，在战略规划和未来发展的潜力上也让人有更多的期待。

4. 团购网站，各找各妈

进入2014年，BAT的收购竞争加剧，其收购的目标开始转向O2O本地生活服务业，尤其是各大团购网站成为三大巨头争夺的热门领域。

近几年团购网站遍地开花，虽然数量众多，但表现比较抢眼，能实现盈利的网站也就几个。面对巨头入局所带来的冲击，独立、上市抑或被收购成为眼下独立团购网站不得不做出的选择。团购网站估值庞大，市场上有能力的买家其实并不多，巨头扛起收购大旗似乎是必然的。

2013年，百度以1.6亿美元注资糯米网，换取59%的股权，2014年1月宣布整吞糯米网；2011年中旬，阿里巴巴领投美团网B轮融资，金额为5000万美元。糯米网市值为2.7亿美元；美团网市值在19亿美元左右。

2014年2月，腾讯宣布以4亿美元战略入股大众点评网，占股20%。据测算，大众点评网估值约20亿美元。

团800网的统计数据显示，2013年上半年团购业仍呈现出美团、大众点评、窝窝三足鼎立的格局。但百度收购的糯米网悄然发力，2014年上半年其市场份额占比11.1%，紧逼占比12.23%、位列业内第三的窝窝团。虽然发展势头强劲，但糯米网的长期亏损在短期内也很难扭转，其市场份额从创办至今依然徘徊在10%左右，落后美团等网站不少。在以1.6亿美元注资糯米网，获得59%的股权以后仅5个月，百度在2014年1月就宣布整吞糯米网，全资收购人人网所持的全部糯米网股份，这意味着糯米网成为第一个被BAT整体收购的团购网站。百度重金投入团购网，是为了拓展其O2O布局。收购糯米网后，百度就将其和自己的搜索、地图等明星产品进行了深度的整合。

阿里相中的美团网，几年内稳居市场占有率第一。2011年7月，阿里集团领投美团网B轮融资5000万美元后，美团发展速度更是惊人。2012年美团网销售额已经翻番，达55.5亿元。2014年，美团当年的销售额突破460亿元。除了美团，阿里还有聚划算。与美团重心更偏向于本地生活服务类团购相比，聚划算更侧重于网购团购，其销售额是美团网的数倍。另外阿里收购的丁丁优惠和高德地图对美团的发展也有促进作用。

在腾讯注资之前，百度等多家互联网巨头都曾向大众点评伸出橄榄枝，但大众点评方面一心追求以高估值独立上市。最后大众点评之所以选择接受腾讯的注资，一方面是因为腾讯让其继续保持独立运营，另一方面是腾讯为其提供的移动和电商环节的资源支持很强大。

其实，腾讯和大众点评早就有过不少互动，回头看起来，双方的合作酝酿已久。例如，大众点评从2013年10月24日开始就已正式接入微信支付，并支持用户进行微信登录；而腾讯则开始在广州和深圳微信用户的“我的银行卡”栏目里增加“今日美食”服务，接入大众点评的团购服务。在此之前，除了腾讯旗下自己的业务，能在微信“我的银行卡”栏目里占有一席之地的，只有腾讯之前力推的“滴滴打车”。从种种迹象来看，双方早有不少接触。

依靠雄厚的家底，巨头们都找到了团购“小伙伴”。随着糯米网被百度整吞，阿里巴巴成为美团的股东，大众点评抱上了腾讯的大腿，团购行业背后的竞争越来越复杂，越来越依靠“娘家”的实力。看三大巨头如何更好地利用团购网站来布局，团购网站如何给三大巨头带来更多的发展契机，十分值得关注。

第四节 弄潮“互联网+”时代

2015年“两会”期间，国家总理李克强在《政府工作报告》中首次提出制订“互联网+”行动计划：推动移动互联网、云计算、大数据、物联网等与现代制造业结合，促进电子商务、工业互联网和互联网金融健康发展，引导互联网企业拓展国际市场。

1.“互联网 +”：互联网的新方向

迈入2015年后不久，“互联网 +”便成为人们关注和讨论的热点，这一概念的提出振奋了全社会。

通俗来说，“互联网 +”就是“互联网 + 各个传统行业”，但这并不是简单的两者相加，而是利用信息通信技术以及互联网平台，让互联网与传统行业进行深度融合，创造新的发展生态，快速发展经济。未来互联网也许会像第二次工业革命中的电力一样，作为一种生产力工具，给每个行业带来效率的大幅度提升。

现在热议的产业主要有：互联网 + 医疗、互联网 + 农业、互联网 + 生活服务、互联网 + 金融、互联网 + 教育、互联网 + 制造业、互联网 + 家电业、互联网 + 交通旅游业、互联网 + 零售等，涉及与百姓生活相关的各行各业。以“互联网 +”为基础的互联网与传统行业的深度结合运作，让原本可能存在的边界被打破，继而再次融合，构筑属于中国新的经济增长点。

其实过去“互联网 + 传统行业”的成熟案例并不鲜见，例如即时通信就是互联网 + 通信，电子商务就是互联网 + 零售。传统行业一开始对于结合互联网感到不适应，主要是担心收入会下滑，但事实上“互联网 +”并不是互联网与传统行业争得你死我活的零和游戏；相反，互联网帮助传统行业更新升级后，带来的新收入会远远大于过去的收入。这是一个全球性的趋势。

坐拥海量用户的腾讯，利用其用户优势先后杀入了网络游戏、新闻门户、电子商务等领域。此外，它亦先后在邮箱、视频、搜索、地图、输入法、下载工具、影音播放、应用分发等领域进行了布局。这归功于马化腾和腾讯团队对于互联网动向的敏感，在此背景下，“互联网 +”这一具有广大前景的领域自然不会被腾讯放过。

马化腾说："过去走了很多的弯路，觉得这个好像跟我们有关，不能放，但是最后发现其实反而做不好。现在心态更加放开了，不再想什么都做。"他表示跟之前腾讯广泛涉足各个领域不同，未来腾讯并不会进入每个行业，而是贯彻"互联网+"的理念，并且要把腾讯在关系链、支付、社交广告等方面的能力做成基本的零件和工具，作为"武器"开放给广大第三方合作伙伴去改造、提升他们所在的行业。

比如"滴滴打车"就是"互联网+交通"的模式在交通领域的运用，这一模式正在慢慢改变人们出行的方式。而在医疗领域，"互联网+医疗"的模式使得"口袋里的医院"正在成为现实。目前全国已有近100家医院上线微信全流程就诊，超过1200家医院支持微信挂号，服务累计超过300万患者，为患者节省超过600万小时，大大提升了就医效率，节约了公共资源。

腾讯的"互联网+"模式已经在一些领域取得了很好的发展，也在不断地积累宝贵的经验。

2. 向"互联网+智慧城市"挺进

2005年3月，腾讯依托微信正式启动了智慧城市战略。

智慧城市就是运用信息和通信技术手段感测、分析、整合城市运行核心系统的各项关键信息，从而对包括民生、环保、公共安全、城市服务、工商业活动在内的各种需求做出智能响应。其实质是利用先进的信息技术，实现城市智慧式管理和运行，进而为城市中的人创造更美好的生活，促进城市的和谐、可持续发展。

随着人类社会的不断发展，未来城市将承载越来越多的人口。目前，我国正处于城镇化加速发展的时期，部分地区"城市病"问题日益严峻。为解决城市发展难题，实现城市可持续发展，建设智慧城市已成为当今世界城市发展不可逆转的历史潮流。

智慧城市的建设在国内外许多地区已经展开，并取得了一系列成果，国内的如智慧上海、智慧双流，国外的如新加坡的“智慧国计划”、韩国的“U-City计划”等。

截至2015年4月，腾讯公司已经开通了5座城市的“城市服务”入口，覆盖用户数超过6000万，服务市民超过1100万人次。

微信是腾讯进入该领域的天然优势，微信公众号已在与民生、医疗、教育、金融等传统行业的融合中初见成果。在民生领域，截至2014年年底，各级政府已经在微信上开通了近2万个公众账号，面向社会提供各类服务。比如，已经有近百万广州市民通过微信上的“城市服务”入口获得医疗、交管、交通、公安户政、出入境、缴费、教育、公积金等17项民生服务。

而阿里的发力，则与腾讯完全不同。阿里的基因为电商属性，“互联网+”的行动结合也更加直接，它利用高德地图发布公共服务平台。阿里的优势在于支付入口能更直接地与新领域相结合，除了支付宝钱包、淘宝手机端，还有并不那么显眼的微博平台。

如果把互联网看成是一个平台，或者说看成是一种基础设施，它慢慢地将会渗透到整个社会行业里的每一个部分，比如营销、零售、制造业、金融物流业、政务、公共服务，那么阿里下面的布局是这样：淘宝、天猫解决电子商务问题；蚂蚁金服解决互联网金融、城市公共服务问题；菜鸟网络解决物流问题；支付宝提供支付平台支持；阿里云则是整个的技术支撑，具有商业属性基因的阿里系优势更加明显。打开三个平台中的任意一个，都可以完成与自己生活消费相关的所有环节，水电煤宽带缴费、医院挂号、社保缴费、汽车违章处理、O2O本地化生活服务、超市购物等生活问题，阿里都能解决，并且真正形成了智慧城市应用。

正因为腾讯和阿里走的路不一样，所以二者的发展并没有直接的冲突。腾讯以社交见长的微信流量入口既是优势，也是劣势，因为相比支付宝，微信支付的市场占有率并不高，腾讯还需要更多流量入口。

有劣势并不可怕，兵家讲究的是知己知彼。马化腾对腾讯在这个领域的优劣势有着清醒的认识。他在2015年中国 IT 领袖峰会上曾表态："过去，很多事情百分之百自己做，但现在，我们回归到自身最核心、最擅长的平台，把另外半条命给合作伙伴，产业互联网我们根本进不去。我们的商业模式能使我们赚一层很薄的，但是很宽广的利润就够了，不会深入每一个行业。"

纵观 BAT 的"互联网 +"生态战略争夺，从结果来看，阿里和腾讯的抢滩登陆战才刚刚开始。不知未来这样的竞争谁会占上风，但"互联网 +"的建设和良性的竞争无疑能够极大地造福于民。可以肯定的是，未来腾讯公司还将服务更多的城市，成为推进中国智慧城市进程的加速器，让市民体验"互联网 +"时代的智慧生活方式。

在2015年福布斯中国移动互联网30强中，腾讯的总收入依然以超过200亿元的金额位列第一，在互联网娱乐方面也依然保持着行业第一。未来的腾讯将会做到什么程度，让人十分期待。